무엇이 우리를 행복하게 하는가

| 편집자 주 |

이 책은 갤럽연구팀이 50년간 전 세계인들을 대상으로 연구·조사한 행복 관련 자료들을 정리한 것이다. 그동안 150개 나라 이상에서 500만 명이 넘는 사람들이 갤럽리서치 설문에 참여했는데, 일부 설문의 경우 1,500만 명 이상의 사람들이 참여했다. 연구의 방대함과 신뢰도 면에서 타의 추종을 불허한다.

본문에 표시된 + 기호는 관련 연구 자료들이 각장 뒷부분에 상세히 표시되어 있다는 의미다. 각장 마지막에 정리된 내용들은 리서치 자료, 참고 자료, 기타 연구 자료들이다. 페이지 번호와 함께 굵게 표시한 부분은 본문에서 그대로 따온 것이며 몇몇 참고 자료에는 부연설명이 곁들여 있음을 미리 밝힌다.

50년간 150개 국가, 1,500만 명에게 안녕을 묻다

톰 래스·짐 하터 지음 | 유영만 옮김

Winner's Secret Library 위너스북
WINNER'S BOOK

무엇이 우리를 행복하게 하는가

개정판 1쇄 발행 2014년 4월 15일

지은이 ┃ 톰 래스 · 짐 하터
옮긴이 ┃ 유영만
발행인 ┃ 홍경숙
발행처 ┃ 위너스북

경영총괄 ┃ 안경찬
기획편집 ┃ 노영지

출판등록 ┃ 2008년 5월 2일 제310-2008-20호
주소 ┃ 서울 마포구 합정동 370-9 벤처빌딩 207호
주문전화 ┃ 02-325-8901
팩스 ┃ 02-325-8902

본문 디자인 ┃ 김윤남
표지 디자인 ┃ [★]규
제지사 ┃ 한솔PNS(주)
인쇄 ┃ 영신문화사

ISBN 978-89-94747-25-5   13320

이 도서의 국립중앙도서관 출판시도서목록(CIP)은 서지정보유통지원시스템 홈페이지(http://seoji.nl.go.kr)와
국가자료공동목록시스템(http://www.nl.go.kr/kolisnet)에서 이용하실 수 있습니다.
(CIP제어번호: CIP2014009620)

 몇 해 전, 한 언론과의 인터뷰에서 '이렇게 오랫동안 살 줄 알았더라면 인생설계를 다시 했을 것'이란 말을 한 적이 있습니다. 뒤돌아보면 지난 수십 년 동안 사람들의 건강과 행복증진에 많은 관심을 갖고 책 쓰기와 강연활동을 꾸준하게 벌였던 것 같습니다. 이 모든 것들이 결국 저 개인뿐만이 아닌 우리들의 행복 찾기와 맥을 같이 합니다. 사람들은 누구나 행복하기를 원합니다. 지금보다 더 행복하기 위해 많은 돈과 시간을 들입니다. 그렇다면 진정한 행복은 무엇일까요? 이에 대한 답은 사람마다 다르겠지만 삶에 여러 가지 요소들, 그러니까 직업, 돈, 건강, 인간관계 등의 적절한 조화와 균형이 삶에 반영되고 실천할 때 가능할 것입니다. 우리가 매일 먹는 음식과 마찬가지로 이런 테마들 중 한 가지만 집착하는 편식은 우리의 행복을 망가뜨릴 수 있습니다.

《무엇이 우리를 행복하게 하는가》의 추천사를 의뢰받고 나서 책을 접했을 때, 놀랍게도 평소 제가 생각하는 행복의 추구와 꽤 유사하다는 느낌을 받았습니다. 50년 동안 전 세계인들의 삶을 조사한 결과를 데이터화하여 사람들에게 진정한 행복으로 가는 길을 제시하고 있습니다. 책을 읽다 보면 현재 나 스스로가 느끼는 행복 수준이 어느 정도인지, 또 어느 부분을 보완해야 좋을지에 대해 알게 됩니다. 책을 통하여 알게 모르게 여러분의 행복을 가로막고 있는 부분이 나타난다면 지금보다 더 노력하여 삶의 체질을 바꾸고 개선함으로써 그토록 바라는 행복으로 한 걸음 더 다가가기를 바랍니다. 마지막으로 진정한 행복은 덧없는 욕심이 아니라 삶의 많은 부분들의 조화와 균형, 그리고 노력이라는 점을 다시 한 번 강조합니다. 모쪼록 많은 분들이 이 책을 통해 행복의 단서를 찾으시기 바랍니다.

세로토닌문화, 힐리언스 선마을

이시형 박사

당신은 행복해보이고 싶으세요?
아니면 행복해지고 싶으세요?

2011년도 《곡선이 이긴다》라는 책을 쓰고 화두로 던진 질문입니다. 대부분의 사람들은 자신의 행복을 위해서 살아가기보다 누군가의 행복을 위해서 또는 다른 사람에게 행복해보이기 위해서 살아가는 경우가 많습니다. 평생을 자기다움을 찾아나서는 가슴 뛰는 여정이 아니라 다른 사람처럼 살기 위해 직선으로 달려갑니다. 어디로 왜 그렇게 빠른 속도로 달려가는지도 모른 채 앞만 보고 직선으로 달려갑니다. 행복은 직선으로 달려가서 도착한 목적지에 한꺼번에 쌓여 있지 않고, 목적지로 가는 수많은 간이역에 있다는 점을 우리는 왜 매번 잊을까요? 자연도 곡선이고 우리 삶도 곡선의 느림과 여유 속에서 찾았는데, 어느 순간부터 곡선이 직선으로 바뀌면서 사람은 불행해지기 시작했다는 것이 제가 얻은 결론 중의 하나입니다.

시속 300㎞로 달려가는 우리가 행복할까요? 아니면 시속 14㎞로 느릿느릿 걷듯이 지나가는 기차를 타는 네팔 사람들이 더 행복할까요? 경제적으로 풍요롭고 삶의 속도도 빨라졌지만 삶을 다르게 볼 수 있는 각도는 그만큼 줄어들었습니다. 속도가 증가하면서 반대로 삶을 풍요롭고 가치 있게 살아갈 수 있는 밀도는 줄어들고, 동시에 삶을 다르게 바라볼 수 있는 각도도 그만큼 좁아집니다. 삶의 밀도는 살아가면서 매순간 느끼는 의미의 강도입니다. 각도는 삶을 다르게 볼 수 있는 다양한 관점이나 시선입니다. 오로지 삶의 속도만 중요시하면서 밀도를 하찮게 여기거나 각도를 의미 있게 생각하지 않으면 행복해질 수 있는 가능성을 잃게 되는 것입니다.

이 책은 갤럽연구팀이 50년간 150개 나라 이상에서 1,500만 명이 넘는 전 세계인들을 대상으로 연구·조사한 행복 관련 자료들을 정리한 것입니다. 인간이 행복해지기 위해서는 적어도 다음 다섯 가지가 충족되어야 한다는 점이 연구 결과 밝혀졌습니다. 행복의 첫 번째 요소는 현재 하고 있는 일을 얼마나 좋아하고 있는지에 따른 직업에서의 행복Career Wellbeing입니다. 두 번째 요소는 탄탄하고 끈끈한 인간관계에 관한 사회적 행복Social Wellbeing입니다. 세 번째 요소는 재정 상태를 효과적으로 관리하는 것에 관한 경제적 행복Financial Wellbeing입니다. 네 번째 요소는 건강한 신체와 일상적인 활동을 무난히 수행할 수 있는 충분한 에너지를 갖고 있는가와 관계가 있는 육체적 행복Physical Wellbeing입니다. 마지막 다섯 번째 요소는 현재 살고 있는 지역에 대한 참여의식에 관한 공동체적 행복Community Wellbeing입니다.

갤럽팀의 연구조사 결과 66%의 사람들이 이 다섯 가지 영역들 중 최소 한 가지는 잘 관리하고 있었지만 '모든 영역에서 만족할 만한 수준의 삶, 즉 풍성하고 행복한 삶을 영위하며 사는 사람'은 겨우 7% 정도에 불과하다는 점이 밝혀졌습니다. 사람마다 이상에서 언급한 행복의 요소에 대한 정도와 수준이 다를 수 있지만 인간이 적어도 행복을 만끽하기 위해서는 다섯 가지 요소가 균형적으로 조화를 이뤄야 합니다. 예를 들면 경제적으로 행복하지만 육체적으로 불행하거나, 직업에서 성공했지만 사회적인 관계가 부족할 경우 인간은 행복감을 느낄 수 없습니다. 또는 육체적으로 건강하지만 사회적 또는 공동체적인 유대감이 없으면 결과적으로 불행한 삶을 살 수밖에 없다는 것이 이 책의 중요한 결론입니다.

행복은 추상명사가 아닙니다. 행복은 일상에서 누구나 지금 현재 갖고 있는 것만으로도 얼마든지 얻을 수 있는 보통명사이며, 작은 실천을 진지하게 반복하면서 온몸으로 느낄 수 있는 동사입니다. 머리로 생각하거나 가만히 앉아서 가슴으로 느끼는 것만으로는 진정한 행복을 느낄 수 없습니다. 이 책에서 주장하고 있는 다섯 가지 행복의 요소를 내 몸이 움직여 직접 행동하고 실천할 때 행복은 비로소 나의 삶이 되는 것입니다. 가슴 뛰는 일을 찾아 즐겁고 신나게 직업적 만족을 추구하면서 삶을 윤택하게 만드는 경제적 부도 축적하면서 공동체를 위해 기꺼이 나의 재능과 물질을 활용하면서 봉사하는 삶, 그리고 운동으로 건강한 몸을 유지하면서 가까이 있는 사람들과 소중한 인간적 관계를 맺어나가는 일이 행복한 삶이 아닐까요.

　이 책을 번역하며 깨달은 것은 행복한 사람은 현재의 만족감에 집중한다는 것입니다. 미래의 행복을 담보로 하기 싫은 일을 억지로 하면서 참고 견디는 불행한 삶을 더 이상 살지 맙시다. 지금 행복해야 미래도 행복해질 수 있습니다. 성공한 다음에 행복을 기대하지 말고 지금 행복하게 살아야 성공도 자연스럽게 찾아옵니다. 하기 싫은 일, 어쩔 수 없이 하는 일을 억지로 하면서 고생한다고 달콤한 미래는 더 이상 오지 않습니다. 고진감래苦盡甘來가 아니라 고진통래苦盡痛來인 것입니다. 고생 끝에 신경통이나 관절염과 같은 통증을 호소하지 말고 지금 건강하게 몸을 관리하고 행복한 일을 찾아 즐겁고 신나게 삽시다. 우리는 무조건 지금 당장 행복해야 합니다. 지금 행복하지 않은데 미래의 어느 날에는 과연 행복할까요? 여러분이 지금 갖고 있는 것, 지금 내가 할 수 있는 일, 그리고 가까이 있는 사람들과 함께 행복하게 살 수 있는 비법이 이 책에 숨어 있습니다. 책을 펴들고 일상에서 자신이 행복해질 수 있는 방법들을 천천히 찾아보시기 바랍니다.

봄이 무르익어가는 행당동산에서

지식생태학자 유영만

이 책에서
말하는
5가지
행복 요소란?

| 직업 측면에서의 행복 |

많은 사람들이 전통적인 조직 환경에서 일하는 한편 일부는 가정, 교실, 공장 또는 밖에서 일을 한다. 일부는 은퇴자이거나 자원봉사자다. 어디에서 시간을 보내든지 기본적으로 우리는 뭔가 할 일이 필요하고, 그 일이 가슴 뛰는 일이라면 더 이상적이라고 할 수 있다. 직업적 행복은 매일 하고 있는 일을 좋아하는지와 관련이 있다.

직업적 행복도가 높은 사람들은 매일 아침 그날 할 일에 대한 기대감으로 잠에서 깬다. 이들은 또한 자신의 능력과 관심사에 부합하는 일을 할 수 있는 기회를 지닌다. 인생에 대한 심오한 목표가 있고 목표들을 이루기 위한 계획도 갖고 있다. 대부분의 경우 이들에게는 동기부여를 해주고 열정을 갖도록 하는 리더가 있고 그런 열정을 공유할 친구가 있다.

직업 측면에서 행복을 향유하는 사람들이 인간관계를 희생하면서까지 업무에 너무 많은 시간을 할애한다고 생각하기 쉽지만, 조사 결과에 따르면 그들은 인생을 즐기기 위해 더 많은 시간을 갖고 그 무엇도 당연하게 여기지 않는다. 그 결과 이들은 매일 자신이 하는 일을 즐기며 산다.

| 사회적 행복 |

우리는 종종 가장 친밀한 관계와 사회적 연줄이 행복에 미치는 영향을 과소평가한다. 그러나 우리의 행복은 주위 사람들과 친구들의 관계 네트워크에 상당한 영향을 받는다. 이런 관계 중 일부는 우리가 뭔가를 달성하는 데 도움을 주기도 하고 또 다른 관계는 건강하게 살고 싶은 동기를 부여하기도 한다. 사회적 행복은 친밀한 관계와 사랑하는 이를 곁에 두었는지와 관련이 있다.

사회적 행복 수준이 높은 사람은 목표의 성취를 돕고 삶을 즐기게 해주며 건강을 유지하도록 돕는 몇몇 친밀한 관계를 맺고 있다. 그들을 둘러싼 사람들은 발전과 성장을 독려하고, 그들을 있는 그대로 받아들이며, 존중한다. 이들은 의식적으로 주위 사람들과의 네트워크에 시간을 투자한다.

사회적 행복을 누리는 사람은 휴가나 친구와 가족과의 모임을 위해 시간을 더 많이 내고, 그 덕분에 사람들과의 관계가 더욱 돈독해진다. 이들은 자신의 인생에 큰 애착을 보이며 덕분에 매일 긍정적인 에너지를 얻는다.

| 경제적 행복 |

　돈으로 행복을 살 수는 없겠지만, 기본적인 욕구가 충족되지 않으면 행복하기 어렵다. 현재 보유한 재산이 전반적인 행복에 미치는 영향은 돈을 관리하고 지출하는 방식에 비해 미미한 정도다. 경제적 행복은 돈에 대한 통제력과 밀접한 관련이 있다.

　경제적 행복을 누리는 사람들은 가계를 잘 관리하고 돈을 현명하게 사용한다. 이들은 단순히 물건을 소유하지 않고 경험을 구매하며, 항상 자신을 위해 돈을 쓰기보다는 남을 위해서도 돈을 사용한다. 기본적으로 이들은 현재의 생활수준에 만족한다. 또한 경제적 안정을 확보하기 위해 나름의 전략을 구사하며, 덕분에 돈에 관한 스트레스와 부채로 인한 걱정이 거의 없다. 그들은 경제적 안정감을 느끼면서도 자기가 원하는 시점에 원하는 것을 할 수 있다. 이들은 함께하고 싶은 사람들과 더 많은 시간을 보낼 자유도 향유한다.

| 육체적 행복 |

우리의 단기적 선택은 전반적인 건강에 장기적 영향을 줄 수 있다. 건강한 습관을 들이고 식습관, 운동, 수면 같은 라이프스타일상의 현명한 선택을 해나간다면 기분이 좋아지고 에너지가 충만해지며 안색이 좋아지고 장수한다. 육체적 행복은 일상 활동을 무난히 해낼 수 있을 정도의 건강과 충분한 에너지를 확보하는 것과 관련이 있다.

육체적 행복을 누리는 사람들은 세심하게 건강을 관리한다. 규칙적으로 운동을 하고, 덕분에 한결 좋은 기분을 유지한다. 좋은 식습관으로 하루 종일 활력도 넘친다. 숙면을 통해 뇌의 활동을 원활히 하고 내일을 기분 좋게 시작한다.

| 공동체적 행복 |

　기본적으로 우리는 안전한 거주 지역을 보장받고 물과 공기의 질에 대해 안심할 수 있어야 한다. 또한 기본적 욕구를 충족해주는 집과 자랑스럽게 여길 수 있는 지역사회도 필요하다. 우리가 지역사회에 참여하고 사회에 기여할 때 우리 자신뿐만 아니라 수혜자, 지역사회 모두가 혜택을 보게 된다. 기부나 남을 돕는 활동은 사회적 상호작용을 심화시키고 더 큰 의미와 목적을 부여하며 더욱 적극적인 라이프스타일을 추구하도록 이끈다. 공동체적 행복은 지역사회에 대한 참여의식에 관한 것이다.

　공동체적 행복을 누리는 사람들은 거주지가 안전하다고 느낀다. 이들은 자신이 속한 지역사회를 자랑스럽게 여기고 지역사회가 올바른 방향으로 발전해가고 있다고 생각한다. 이에 따라 이들은 종종 사회에 기여하고 싶은 욕구를 느끼고 그 생각을 실행에 옮긴다. 이런 사람들은 능력과 열정을 토대로 자기가 기여할 수 있는 부분이 어디인지 파악하고 이런 관심사들을 다른 이들에게 알림으로써 기여를 위한 더 많은 기회를 얻는다.

 **차례**

 무엇이 행복하게 하는가

| Chapter 4 |

건강해야 행복하다 • 135
잘 먹고, 더 움직이고, 잘 자라!

지금의 자리에서 현재 가진 것으로
더 행복해지는 방법

행복에 대해 우리는 얼마나 알고 있을까? 실제로 설문조사를 해보면 의외로 많은 이들이 행복에 관해 잘못 알고 있거나 오해하는 경우가 많다. 일반적인 생각과 달리, 행복은 막연히 행복하다는 느낌과는 다른 것이다. 또한 단지 부자가 되거나 성공과 관련된 것만도 아니며, 육체적 건강과 정신적 만족에만 한정되는 것도 아니다. 이런 것들 중 어느 하나에 너무 치중할 경우 오히려 좌절감을 맛보거나 패배의식에 휩싸일 수도 있다.

사람들은 큰돈을 벌게 해준다거나 다이어트를 도와준다거

나 인간관계를 개선시켜주겠다고 약속하는 프로그램에 선뜻 지갑을 연다. 그러고는 몇 주간 그것에 많은 시간과 에너지를 쏟아 붓는다. 그러나 그 목표가 인생의 다른 측면들과 충돌을 빚으면 결국 포기해버리곤 한다.

인생의 특정 영역에 지나치게 몰두할 경우 전체적인 행복 밸런스가 깨지리라는 점은 굳이 설명하지 않아도 알 것이다. 일례로 개인적인 일과 가정, 인간관계를 희생해가면서 너무 많은 시간과 에너지를 직장에 쏟아 붓는 사람들이 얼마나 많은지 생각해보라. 인생에서 중요하다고 여겨지는 영역들이 각기 독립적이고 서로 무관하다고 생각하며 살아가는 편이 속은 편하겠지만, 인생은 결코 그렇게 단순하지 않다. 그리고 그 영역들은 실제로 '서로 긴밀히 연관되어' 있다. 즉 다른 영역들이 충분히 만족할 만큼 가득 채워져 있어도 어느 한 영역이 무참히 무너져 내리면 전체적인 행복도 추락하고 만다.

행복을 측정하다 ••

갤럽연구진은 20세기 중반부터 행복한 삶을 이루는 필수요소가 무엇인지에 대해 집중적으로 연구해왔다.[+] 좀 더 최근에는 경제학자와 심리학자 및 저명한 여러 과학자들과 협력하여 국경과 언어, 문화를 초월해 인류 보편적으로 통용되는 행복의 공통 요소들을 조사하기 시작했다.

그간 갤럽은 150여개 국가에서 행복에 대한 종합적인 연구를 진행했으며, 이를 통해 전 세계 인구의 98% 이상에 해당하는 사람들의 행복 수준을 자세히 들여다볼 수 있는 렌즈를 확보했다. 아시아의 아프가니스탄에서 아프리카 짐바브웨에 이르기까지 전 세계를 두루 돌며 갤럽연구진은 건강과 부, 인간관계, 직업, 공동체 등에 관한 수백 가지 질문을 던졌다. 그리고 그들이 일상을 어떻게 보내고 있으며, 자기 삶에 대해 전체적으로 어떤 평가를 내리는지 조사해 각 결과물을 서로 비교해보았다.[+]

연구 초기에 우리는 사람들에게 이런 질문을 던졌다. "당신이 실현 가능하다고 생각하는 최고의 미래는 무엇인가요?" 그런데 사람들의 답변이 너무 단편적이었다. 응답자들은 자기 인생을 평가하면서 공통적으로 소득과 건강을 지나치게 많이 거론했다. 인간관계나 직장에 대한 만족도 등 인생의 다른 요소들도 분명 행복에 큰 영향을 미칠 텐데도 사람들은 '건강'과 '부'에 너무 많은 비중을 할애했다. 그 이유를 곰곰이 따지고 분석해보니, 이 요소들이 시간에 따른 측정과 추적이 쉬운 것들이기 때문일 거라는 결론이 나왔다. 키와 몸무게, 혈압, 소득 등은 수치로 쉽게 확인할 수 있다. 하지만 직업의 질이나 인간관계의 수준을 측정할 만한 표준화된 방법은 없다. 그러다 보니 설문조사에서도 당장 대답하기 쉽고 접근하기 수월한 쪽으로 응답이 몰렸을 가능성이 있었다.

이를 염두에 두고 갤럽은 지난 50년간 활용했던 각종 질문들을 분석하고, 그중 최적의 것들을 선별해 개개인의 행복을 종합적으로 측정할 수 있는 장치를 마련했다. '웰빙파인더 Wellbeing Finder'로 이름 붙인 이 평가지를 만들기 위해 우리는 국경과 언어 및 다양한 상황에 걸쳐 수백 가지 질문을 테스트했다.[+]

이 리서치 작업을 완료하는 단계에 이르자 통계적으로 사용할 수 있는 다섯 가지 행복의 요소가 분명하게 드러났다. 이 요소들은 행복한 생활을 보장하는 보편적인 것들이며, 궁색한 인생과 풍요로운 인생을 구분하는 요인이 된다. 그리고 행복을 위해 '의지력을 발휘해 어떤 조치를 취할 것인가'에 대한 힌트를 주기도 한다.

행복의
필수조건 ●●

갤럽의 연구를 통해 도출된 행복의 다섯 가지 요소는 어느 누구에게나 적용되는 보편성을 지닌다. 개개인이 중요시하는 가치관에 대한 미묘한 차이까지 여기에 모두 포함되지는 않으나, 이들 요소는 대부분의 사람들에게 결정적으로 중요한 다섯 가지 폭넓은 카테고리를 잘 드러내 보여준다.

첫 번째 요소는 주어진 시간을 어떻게 채워나가고 있는지, 쉽게 말하자면 현재 하고 있는 일을 얼마나 좋아하는지에 관한 것이다. 이것이 직업 측면의 행복Career Wellbeing[+]이다.

두 번째 요소는 탄탄하고 끈끈한 인간관계에 관한 것인데, 사랑하는 이들이 우리 곁에 있는지와 관련된 주제다. 이것은 사회적 행복Social Wellbeing[+]으로 칭할 수 있다.

세 번째 요소는 재정 상태를 효과적으로 관리하는 것에 관한 것으로, 이를 경제적 행복Financial Wellbeing[+]이라고 말한다.

네 번째 요소는 건강한 신체와 일상적인 활동을 무난히 수행할 수 있는 충분한 에너지를 갖고 있는가와 관계가 있다. 즉 육체적 행복Physical Wellbeing[+]이다.

마지막 다섯 번째 요소는 현재 살고 있는 지역에 대한 참여의식에 관한 것으로, 이것이 공동체적 행복Community Wellbeing[+]이다.

조사 결과 66%의 사람들이 이 다섯 가지 영역들 중 최소 한 가지는 잘 관리하고 있었지만 '모든 영역에서 만족할 만한 수준의 삶, 즉 풍성하고 행복한 삶을 영위하며 사는 사람'은 겨우 7% 정도에 불과했다.

위에서 소개한 다섯 가지 주요 행복 요소 중 어느 하나에서 어려움을 겪고 있을 경우, 전체적인 행복도가 낮아지고 일상에 지칠 가능성이 높다. 물론 이 영역들 중 어느 하나만이라도 향상시킨다면 더 나은 하루, 한 달, 그리고 10년을 보내게 될 수 있다. 하지만 다섯 개 영역 모두에서 골고루 일정 수준의 삶을 살아야만 진정한 행복이라고 말할 수 있다. 만약 그렇지 않다면 인생에서 많은 것들을 잃은 채 살아갈 공산이 크다.

이들 요소는 종교와 문화, 국적을 초월해 보편적으로 적용되는 것이다. 하지만 사람들은 좀 더 행복해지기 위해 서로 다른 방식들을 선택한다. 그중에서도 많은 이들을 이끌어주는 것이 영적인 부분이다. 그들에게 종교는 인생의 가장 중요한 주제가 된다. 어떤 이들에게는 환경보호와 같은 심오한 미션이 매일같이 영감을 불러일으켜주는 테마다. 이렇듯 동기를 부여하는 요인들은 사람마다 각기 다르지만 그 목적은 대체로 '행복 추구'다.

직업적, 사회적, 경제적, 육체적, 공동체적 행복을 높일 방법은 많다. 이 요소들이 우리 통제권 안에 있기 때문이다. 마음먹기에 따라 우리는 얼마든지 이 영역들을 보다 풍요롭게 관리해나갈 수 있다(예컨대 매일 꾸준히 운동하기, 친구들과 함께 더 많은 시간 보내기, 돈을 지혜롭게 사용하기 등). 행복에 가장 큰 위협을 가하는 유일한 요소가 있다면 다름 아닌 '우리 자신'이다. 많은 이들이 단기적 욕구에 휘말려 장기적 행복을 놓쳐버리기 때문이다.

우리는 왜 눈앞의 욕구에 무너질까? ●●

몸을 많이 움직이는 것이 건강에 좋다는 것은 상식이다. 그런데 사람들은 이 사실을 잘 알고 있으면서도 계획했던 운동을 건너뛰곤 한다. 물론 운동 한 번 빼먹는다고 갑자기 심장마비나 뇌졸중에 걸리지는 않을 것이다. 하루쯤 마음 푹 놓고 운동을 안 한다고 해서 큰일이 나는 것도 아니다.

과도한 당분과 기름진 음식 섭취가 건강에 나쁘다는 것도 잘 알고 있다. 하지만 별 생각 없이 한 줌의 사탕이나 감자튀김을 집어 든다. 사실 감자튀김 하나 먹는다고 해서 당장 당뇨병에 걸리거나 뚱뚱해지는 건 아니지 않은가?

친구나 가족과 충분한 시간을 보내는 일이 중요하다는 점도 너무나 잘 알지만, 업무가 과도하게 밀려들면 그들에게 안부 인사조차 건넬 짬을 내지 못한다.

가계 상황을 생각할 때도 우리는 종종 저축보다는 소비 쪽으로 마음이 기울어지곤 한다. 은퇴연금에 자금을 넣어둔다면 향후 원금보다 몇 배 큰 수익이 되어 돌아오는데도 지금 당장은 원하는 물건을 일단 구입하고 본다.

당장의 만족을 제공하는 수많은 선택지를 앞에 두고 매순간 장기적 관점에서 올바른 결정을 내리기란 쉽지 않은 일이다. 이는 어쩌면 생존을 위해 DNA에 입력된 인간 본연의 행동일지도 모른다. 실제로 많은 이들이 아름다운 몸매와 장수를 추구하는 장기적 자아long-term self를 거스르고 단기적 자아 short-term self에 이끌려 디저트를 즐긴다. 예컨대 2만 3,000명 이상의 사람들에게 구매습관에 대해 질문을 던졌을 때, 10% 정도의 사람들만 '사탕을 정기적으로 구매하는 편'이라고 대답했다. 그러나 잠시 후 동일한 집단을 대상으로 실시한 설문조사에서 '바로 눈앞에 사탕바구니가 놓여 있다면 사탕을 먹겠느냐'고 질문을 하자 70% 이상의 응답자가 그러겠다고 대답

했다.[+]

단기적 욕구에 이끌려 다니는 한, 장기적 행동 변화를 기대하기는 힘들다. 다행히 우리는 최고의 행복을 누리고 있는 사람들에게서 이 문제에 대한 간단한 해법을 알아냈다. 바로 '장기적 목표에 부합하는 단기적 인센티브'를 찾는 것이다.

예를 들어 비만이나 당뇨병 같은 장기적 위험을 염려할 때보다는 기름진 음식을 많이 먹어 하루 종일 '속이 더부룩하고 불쾌한 일과를 보내리라는' 단기적 현실을 고려할 때 치즈버거와 감자튀김을 멀리 할 가능성이 더 높다. 또는 단 20분의 운동으로 다음 12시간을 가뿐하게 보낼 수 있다는 확신과 경험이 있다면 다음 날 아침 일찍 일어나 운동을 하기로 결정할 수 있을 것이다.[+]

이처럼 보상이 너무 먼 곳에 있지 않다는 사실을 인식할 때, 우리는 '매순간' 행동을 바꿀 가능성이 높아진다. 따라서 하루하루 활기차게 생활하고 싶다는 생각은(단기적 인센티브) 매일 아침 20분씩 운동을 하게 만들고(그 순간에 내리는 더 나은 결정), 이것이 결과적으로 만성질환을 예방하도록 도와준다(장기적 목표).

나중에 좀 더 구체적으로 이야기하겠지만, 이렇게 '긍정적 디폴트positive defaults'를 설정하고 조금씩 변화를 이뤄가는 결정을 통해 우리는 어렵지 않게 행복의 질과 수준을 높일 수 있으며 그 지속력도 강화할 수 있다.

행복은
균형에서 나온다 ●●

이 책에서 독자들은 앞에서 소개한 5대 행복 요소를 두루 잘 관리하는 인터뷰 대상자들을 만나보게 될 것이다. 우리가 수집한 모든 자료에 따르면 그들은 가장 높은 수준의 행복을 누리고 있었다. 행복을 만끽하는 사람들에게서 알 수 있듯이, 5대 행복 요소 중 어느 하나라도 향상시키고자 한다면 노력과 책임이 뒤따른다. 이 책을 통해 독자들은 고차원적 행복을 누리려면 어떤 것들에 관심을 갖고 무엇을 실천해야 좋을지에 대한 전체적인 시각을 갖게 될 것이다. 이는 주어진 삶을 매순간 즐길 수 있도록 해주고, 인생에서 더 많은 것을 얻도록 도와줄 것이다. 더불어 친구와 가족, 직장동료와 지역주민의 행복에도 기여할 수 있을 것이다.

P. 23~24

갤럽연구진은 20세기 중반부터 행복한 삶을 이루는 필수요소가 무엇인지에 대해 집중적으로 연구해왔다.

: Gallup, G., & Hill, E. (1960). *The secrets of a long life*. New York: Bernard Geis.

P. 24

그리고 그들이 일상을 어떻게 보내고 있으며, 자기 삶에 대해 전체적으로 어떤 평가를 내리는지 조사해 각 결과물을 서로 비교

해보았다.

: 갤럽은 지난 50년간 150개 이상의 나라에서 해마다 임의로 선정한 1,000명의 시민들과 인터뷰를 실시했다. 모두 합쳐 총 500만 명이 넘는다. 질문들의 핵심은 식생활, 상하수도, 주거 등 삶의 기본적인 측면과 함께 자기 역량에 맞는 직업을 갖고 있는지 그리고 공동체에 참여하는 수준이 어느 정도인지와 같은 고차원적인 니즈까지 아우르는 내용이었다. 전 세계적인 비교평가를 위해서 조사를 실시한 모든 나라에서 동일한 질문지와 방법론을 사용하였다.

P. 25

'웰빙파인더 Wellbeing Finder**'로 이름 붙인 이 평가지를 만들기 위해 우리는 국경과 언어 및 다양한 상황에 걸쳐 수백 가지 질문을 테스트했다.**

: 되도록 많은 유형의 자료를 모으기 위해 농민, 도시 거주자, 정규직 노동자, 퇴직자, 학생, 건강한 사람과 그렇지 못한 사람, 소득 수준이 각기 다른 사람들, 기혼자와 이혼한 사람 및 사별한 사람들이 조사에 포함되었다.

P. 26

직업 측면의 행복 Career Wellbeing

: 이것은 생계를 위해 종사하는 직업이나 소명의식에 관한 것이다. 일반 직장인들은 물론 학생, 은퇴자, 가정주부 및 기타 사람들까지 모두 포함된 자료를 활용했다.

P. 26

사회적 행복 Social Wellbeing

: 우리는 이 항목을 엄밀하고 철저하게 테스트하기 위해 기혼자, 별거 중인 사람, 이혼한 사람, 사별한 사람, 미혼자, 동거 중인 사람 등등 충분히 많은 이들을 설문에 포함시켰다.

P. 26

경제적 행복 Financial Wellbeing

: 이 카테고리 내에 있는 질문들이 저소득층과 중산층, 고소득층에 적절한지의 여부를 확인하고자 다양한 소득집단에 걸쳐 질문 항목들을 테스트했다.

P. 26

육체적 행복 Physical Wellbeing

: 우리는 다양한 신체적 여건에 처한 전 세계 사람들에게 두루 적
용될 만한 질문들을 찾아내고자 했다. 그래서 젊은이, 노인, 건강
한 사람과 그렇지 못한 사람 등 다양한 연령과 신체적 여건을 가
진 사람들을 조사대상으로 삼았다.

P. 27

공동체적 행복 Community Wellbeing

: 이 카테고리에 속한 질문들이 도심지 한복판이나 외떨어진 농
촌에 살고 있는 사람에게도 적용되는지 확인하고자 도시와 교
외, 시골에 살고 있는 사람들을 모두 조사대상으로 삼았다.

P. 29~30

**그러나 잠시 후 동일한 집단을 대상으로 실시한 설문조사에서
'바로 눈앞에 사탕바구니가 놓여 있다면 사탕을 먹겠느냐'고 질
문을 하자 70% 이상의 응답자가 그러겠다고 대답했다.**

: 갤럽연구진은 이 연구를 위해 2009년 8월, 2만 3,449명의 사람
들과 인터뷰했다.

P. 30

또는 단 20분의 운동으로 다음 12시간을 가뿐하게 보낼 수 있다

는 확신과 경험이 있다면 다음 날 아침 일찍 일어나 운동을 하기로 결정할 수 있을 것이다.

: Sibold, J. S., & Berg, K. (2009, May 29). 에어로빅 운동의 효과는 최장 12시간까지 지속된다. 이 연구 결과는 시애틀에서 개최된 미국 스포츠의학회American College of Sports Medicine 연례회의에서 발표되었다.

◆

Chapter 1

일은 노동이 아니라 행복의 원천이다

•••

　직장에 있는 동안 업무에 몰입한 사람들의 경우 그렇지 않은 사람들보다 행복 지수와 흥미도가 확연히 높았다. 일에 몰입하지 못하는 사람들에게서는 스트레스 지수가 훨씬 더 높게 나타났다. 퇴근시간이 가까워질수록 업무에 몰입되지 않은 근로자들은 스트레스 지수가 낮아짐과 동시에 행복 지수가 높아졌다.

　전 세계 많은 이들이 '일은 즐길 만한 대상이 아니다'라는 전제하에 살아간다. 이런 잘못된 인식은 우리 사회와 경제모델 곳곳에 침투해 있다. 그 결과 사람들은 업무시간을 최소한으로 줄이기 위해 애를 쓰고 있으며 가능한 빨리 은퇴하려고 한다. 그러나 막상 '은퇴연령'에 가까워지면 아무 일도 하지 않고 지내는 삶이 얼마나 무료할지 걱정한다.

몰입할 수 있는 일을 찾아라

"당신은 현재 하고 있는 일을 좋아합니까?"

행복과 관련해 스스로에게 물어볼 수 있는 가장 기본적이고도 중요한 질문이다. 갤럽의 조사 결과를 감안할 때, 안타깝게도 이 질문에 강한 '긍정'을 표명할 수 있는 사람은 약 20% 정도밖에 안 될 듯하다.[+]

대개 매일 아침 눈을 떠 자리에서 일어나면 그날 해야 할 일이 있게 마련이다. 기왕이면 아침에 눈이 저절로 떠질 만한 신나는 일이라면 좋을 것이다. 그리고 우리가 매일 무엇을 하면서 시간을 보내는지는 우리 정체성의 일부를 형성한다. 사람들이 처음 만나 인사 겸 건네는 말도 "무슨 일을 하세요?"라는 질문이 아닌가. 이 질문에 대답하면서 자부심과 뿌듯함이 느껴진다면, 당신은 행복의 직업적 측면을 잘 관리하고 있을 확률이 높다.

대체로 사람들은 행복을 가늠할 때 직업이 미치는 영향력을 과소평가한다. 이론의 여지는 있지만 직업에서의 만족도는 행복의 다섯 가지 요소 가운데 가장 중요하다고 볼 수 있다. 좋아하는 일을 정기적으로 할 기회가 없다면 인생의 다른 영역에서도 높은 수준의 행복을 누릴 가능성이 급격히 줄어든다. 직업적 측면에서 행복해하는 사람들은 그렇지 않은 사람들에 비해 인생 전반에서 만족감을 누릴 확률이 2배 이상 높다.[+]

원만한 대인관계와 안정적인 재정 상태, 건강도 중요하지만 막상 매일 하고 있는 일이 마음에 안 든다고 상상해보라. 아마도 사회생활 대부분의 시간을 직업에 대한 걱정과 불평불만을 토로하면서 보내게 될 수도 있다. 이런 상황은 육체적 건강에 심각한 문제를 일으키는 스트레스를 유발한다. 만일 당신이 현재 직업에 만족하지 못하는 상태라면, 그 상황이 인생의 다른 영역을 어떻게 망가뜨리는지 쉽게 확인할 수 있을 것이다.

배우자의 사망보다 심각한
실직의 고통 ●●

직업이 우리 정체성과 행복에 얼마나 많은 영향을 미치는지 알아보려면 이렇게 가정해보라. '실직을 당하거나 1년 내내 실업 상태가 지속된다면 어떨까?' 〈이코노믹 저널Economic Journal〉에 게재된 주목할 만한 한 연구에 따르면, 실업 상태는 5년이 지나도 완벽히 회복되지 않는 일생일대의 주요 사건일 수 있다. 몇 십 년간 13만 명의 사람들을 추적, 조사한 이 연구를 통해 연구진은 결혼이나 이혼, 출산, 배우자의 사망과 같은 인생의 주요 사건들이 삶의 만족도에 어떤 영향을 미치는지 살펴볼 수 있었다.[+]

이 연구에서 밝혀진 다소 고무적인 사실은, 배우자의 사망과 같은 최악의 비극적 사건을 겪었더라도 몇 년이 흐른 후에는 배우자가 세상을 떠나기 전과 동일한 수준의 만족도를 회복한다는 점이다. 그러나 장기간 실업 상태에 놓여 있었던 사람의 경우에는 상황이 달랐다. 삶에 대한 만족도를 회복하는 속도를 보면, 장기간 지속된 실업보다 배우자가 사망한 경우 그 속도가 더 빠르다.

그렇다고 실직이 행복을 영원히 망가뜨린다는 의미는 아니다. 동일한 연구를 살펴보면 1년 전에 해고를 당한 일이 장기적으로 중대한 변화를 초래하지는 않았다는 점을 알 수 있다. 여기에서 핵심은, 적극적으로 구직활동을 하고는 있지만 일자리를 쉽사리 찾을 수 없을 경우라도, 장기간의 실업(1년 이상)은 어떻게든 피해야 한다는 점이다. 장기간의 실업으로 인한 소득의 감소도 문제지만, 사회와의 정기적인 접촉 부재와 무료한 일상 역시 행복을 저해할 수 있기 때문이다.

직업적 행복을 누리기 위해 반드시 돈을 벌어야 하는 것은

:: **행복에 미치는 영향 비교(사건 발생 전과 후)**

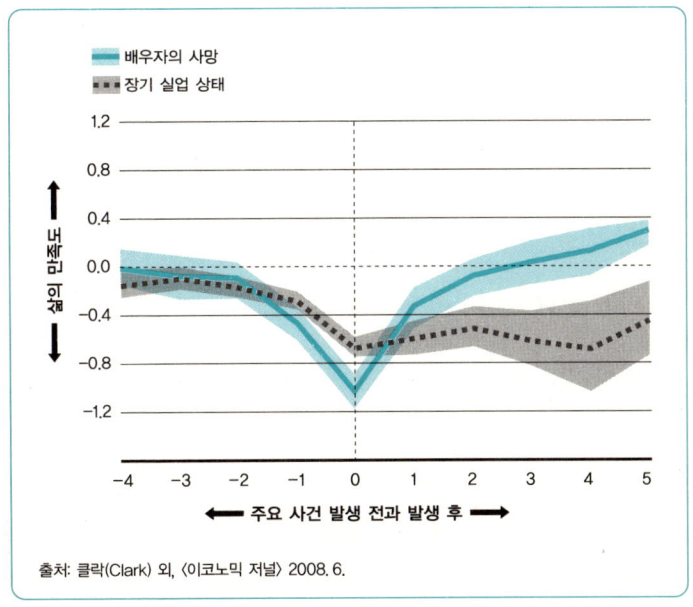

출처: 클락(Clark) 외, 〈이코노믹 저널〉 2008. 6.

아니다. 하지만 즐겁게 할 수 있는 일을 찾아 나설 '필요는' 있다. 기왕이면 일을 매일 할 수 있는 기회까지 확보하는 것이 좋다. 그 일이 사무실에서 업무를 보는 것이든, 자원봉사든, 자녀 양육이든, 사업이든, 어쨌든 가장 중요한 점은 선택한 일에 몰입할 수 있어야 한다는 사실이다.

같은 사무실에서
전혀 다른 경험을 하는 이유는? ●●

학창시절, 재미없는 수업을 들으며 교실에 앉아 있던 때를 떠올려보자. 아마도 당신은 시곗바늘만 뚫어져라 쳐다보거나 멍하니 허공을 응시하고 있었을 것이다. 그리고 어서 빨리 종이 울려 책상을 박차고 나갈 수 있기만을 고대했을 것이다. 전 세계 근로자들의 3분의 2 이상이 업무시간에 이와 유사한 경험을 한다.

왜 이토록 많은 사람들이 업무에 집중하지 못하는 걸까? 우리는 그 이유를 알아보기 위해 168명의 근로자를 대상으로 하루 종일 그들의 업무 몰입도와 심박동수, 스트레스 지수 및 다양한 감정들을 관찰했다. 우리는 연구 시작 전에 해당 근로자 각각의 업무 몰입도에 관한 사전 자료를 수집했다. 그리고 업무에 몰입해 있는 근로자와 그렇지 않은 근로자의 차이점도 조사해보았다. 실험이 진행되는 동안 참가자들은 몸에 작은 기계를 달고 다녔는데, 우리는 필요할 때마다 그 기계로 신호를 보내 피실험자들을 불러서 무엇을 하고 있었으며 누구와 함께 있었는지, 그들의 기분은 어떤지 등을 물었다.[+]

우리는 실험 참가자들에게 소형 심박동수 측정기도 부착했다. 그리고 하루 일과가 끝나는 시점이 되면 피실험자의 가슴에 스티커처럼 붙어 있던 측정기들이 컴퓨터로 자료를 전송하도록 해놓았다. 이 자료를 통해 우리는 심박동수의 변화와 그날 하루 종일 있었던 다양한 사건들과의 관계를 연구할 수 있었다.

하루 동안의 스트레스 지수를 측정하기 위해 타액 샘플도 활용했다. 소형기기가 울리고 전자 일지에 해당 사항을 기록할 때마다 참가자들에게 작은 원통에 침을 뱉도록 했다. 타액 속에 들어 있는 스트레스 호르몬 코티솔Cortisol을 통해 하루 동안 다양한 시점의 스트레스 지수에 대한 생리학적 수치를 확보하기 위해서였다.

이 모든 자료들을 취합해 검토한 결과, 직장에 있는 동안 업무에 몰입한 사람들은 그렇지 않은 사람들과 '완전히 다른 경험'을 한다는 점이 분명하게 드러났다. 일에 몰입한 사람들의 경우 하루 종일 행복 지수와 흥미도가 확연히 높았다. 일에 몰입하지 못한 사람들에게서는 스트레스 지수가 훨씬 높게 나타났다.

주목할 만한 것은 일과시간이 끝나갈수록 몰입되지 않은 근로자들은 스트레스 지수가 낮아짐과 동시에 행복 지수가 증가했다는 점이다. 다음의 그래프에서 볼 수 있듯이 업무 몰입도와 직업에 대한 만족도가 낮은 사람들은 그저 업무시간이 끝나기만을 기다리고 있었다.

:: **하루 동안의 업무 몰입도와 행복 지수의 관계**

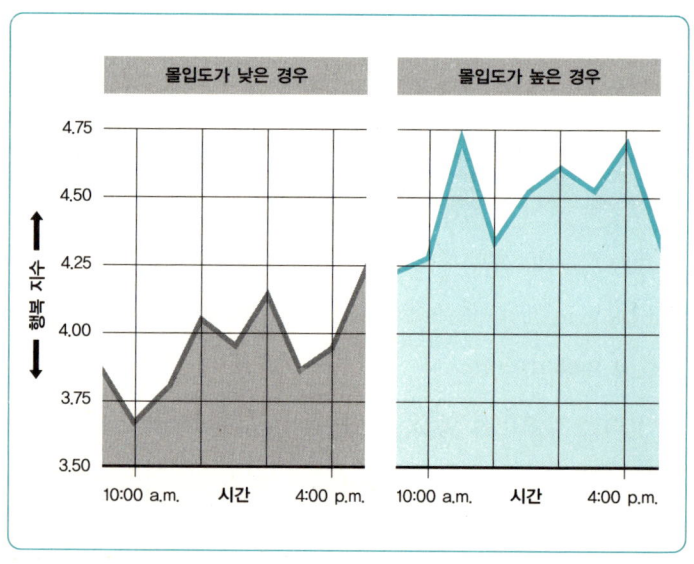

동일한 연구의 일환으로 우리는 근무일과 휴일 사이에 나타나는 차이도 조사해보았다. 그 결과, 업무에 몰입해 있는 근로자들은 근무일과 휴일에 행복 지수가 비슷하게 나타났으며, 직장에 있을 때 스트레스 지수가 아주 약간 증가했지만 흥미도 역시 증가하는 모습을 보였다. 반면 업무 몰입도가 낮은 근로자들은 일하는 동안 행복 지수와 흥미도가 급격히 낮아졌고 상대적으로 스트레스 지수는 크게 증가했다.

업무 몰입도가 아주 높은 사람이라도 주말보다는 근무일에 약간 더 많은 스트레스를 받겠지만, 그 정도 스트레스는 직장에 있는 동안 경험하는 일정 정도의 행복감과 훨씬 더 증가한 흥미도에 의해 상쇄된다. 따라서 직업적 행복이 충만할 경우 신나는 주말과 그에 못지않게 즐거운 주중을 보낼 수 있으며, 직장에 있는 시간도 업무에서 벗어난 시간만큼이나 충분히 즐겁게 즐길 수 있다.[+]

직업 만족도가 매우 높은 건축기술자 제이_{Jay}의 사례를 보면 매일 하는 일을 즐기는 것이 얼마나 중요한지 알 수 있다. 다른 사람들처럼 제이도 경력을 쌓아나가는 동안 여러 업무를 맡았고 때때로 짜증나는 사내정치도 겪었다. 하지만 그는 건축공학 프로젝트를 관리하는 일에 대한 열정으로 모든 어려움을 이겨냈다. 이런 열정과 흥미 덕분에 제이는 높은 직업적 만족도를 유지할 수 있었다.

제이에게 무엇이 가장 즐거운지 물었더니, 그는 "일이 돌아가는 과정을 배워나가는 게 얼마나 재미있는지 모른다"고 대답했다. 그는 바닥재의 두께와 공간 배치, 벽의 높이에 맞춰 철제를 결정하는 과정이 즐겁다고 한다. 또한 그런 열정을 개인 공간까지 끌어와 짬짬이 자신의 주택을 리모델링하곤 한다. 여가시간에는 기초적인 건축설계도와 새로운 건축공법을 찾아다닌다. 이것이 바로 충만한 직업적 행복을 누리는 사람들에게서 관찰되는 공통점 중 하나다. 즉 그들은 일과 사생활을 조율해 잘 조화시킬 정도로 그 일을 사랑한다.

심장마비 발병률이 가장 높은 때는? ●●

심장마비 발병률은 월요일 아침에 가장 높다. 즐거운 주말과 끔찍한 주중 사이에 나타나는 극명한 차이를 살펴보면 심장마비 발병 가능성이 월요일에 왜 더 높은지도 알 수 있다.[+] 이는 일요일에서 월요일로 전환되는 과정에 신체가 영향을 받을 수 있음을 시사한다.

앞서 언급한 연구에서 우리는 취합한 타액 샘플의 코티솔 지수를 바탕으로 생리적 스트레스가 주중부터 주말까지 어떻게 바뀌는지 관찰할 수 있었다. 코티솔은 스트레스 호르몬으로 면역체계를 억제하는 한편 혈압과 혈당을 높인다. 이 호르몬은 정상적인 신체 기능에 필수적인 것으로, 우리가 위험에 처하면 혈중 코티솔의 수치가 급증해 '싸움 혹은 도망fight or flight' 반응을 촉발시킨다. 그러나 인간의 뇌는 종종 상황을 실제보다 더 심각하게 인식하곤 한다.

예를 들어 상사가 당신 업무에 흠을 잡거나 당신의 능력과 관심 밖의 업무를 수행하고 있을 경우 코티솔 수치는 급속히 증가한다. 과도하게 분비된 코티솔이 신경계에 흐르면 혈액이 정맥을 따라 빠르게 움직이기 시작한다. 그러면 심박동수가 올라가면서 호흡이 빨라진다. 체내에서 이런 일이 벌어지는 동안 외부적으로는 동공이 확장되고 이마에 땀이 맺히기 시작한다.

싸움 혹은 도망 반응의 활성화는 실제로 다급한 상황일 때는 도움이 되지만, 교통체증을 겪고 있거나 업무 중 격한 회의가 진행되는 동안에는 별 도움이 되지 않는다. 죽느냐 사느냐의 상황이 아닌데도 우리 뇌는 그 차이를 인지하지 못하기 때문이다. 그래서 일주일 중 스트레스가 가장 덜한 즐거운 일요일을 보내고 몰입도가 낮은 일터로 복귀하는 월요일 아침, 신체 리듬이 급격히 전환되는 과정에서 우리 몸에 무리를 줄 수 있다.[+]

업무 몰입도와 우울증 ●●

직업에서의 행복도를 높이면 불안감과 우울증에 걸릴 위험을 낮출 수 있다.[+] 2008년 우리는 갤럽의 정기적 조사에 응하겠다고 동의한 많은 직장인들 중 무작위로 패널을 선정해 연구를 진행했다. 우리는 그들의 업무 몰입도 수준을 측정하고 실험 전 우울증 진단을 받은 적 있는지 물어보았다. 그리고 우울증 진단을 받은 적이 있다고 응답한 사람들은 실험에서 제외시켰다. 1년 후 2009년 실험 대상자들에게 연락을 취해 지난 한 해 동안 우울증 진단을 받은 적이 있는지 다시 물어보았다.[+]

그 결과 실험에 참여한 사람(2008년 시점까지 우울증 병력이 전혀 없었던 사람들) 가운데 5%가 우울증 진단을 받았다고 응답했다. 게다가 2008년 당시 직업 몰입도가 특히 낮았던 사람들은 다음 한 해 동안 우울증 진단을 받을 확률이 거의 2배나 높게 나타났다.[+] 우울증을 유발하는 많은 요인 가운데 직장에서의 낮은 몰입도 역시 주요 요인이 될 수 있음을 시사하는 결과다.

또 다른 연구에서 우리는 업무 몰입도의 변화와 콜레스테롤 및 트리글리세라이드triglyceride(중성지방) 수치의 변화 사이에 어떤 관계가 있는지 알아보기 위해 2년간 직장인들을 추적 조사했다.[+] 우리는 6개월마다 한 번씩 그들의 업무 몰입도를 조사했고, 매년 혈액 샘플을 채취해 콜레스테롤과 트리글리세라이드 수치를 측정했다.

자료를 분석해본 결과, 업무 몰입도가 높은 사람들의 경우 총 콜레스테롤과 트리글리세라이드 수치가 현격히 낮았다. 그리고 업무 몰입도가 낮은 사람들은 콜레스테롤과 트리글리세라이드의 총 수치가 높게 나타났다.[+] 이 결과는 직장생활이 육체적 건강에 직접적인 영향을 미칠 수도 있다는 놀라운 사실을 시사한다. 직업에서의 행복을 증진시키는 일은 오래도록 건강을 유지하기 위해 고려해야 할 중차대한 요소들 중 하나일 수 있다.

불편한 상사가
내 수명을 단축시킨다 ●●

　　　　　　　행동과학자들과 경제학자들 사이에서 사람들이 시간을 보내는 방식에 대한 관심이 차츰 높아지는 추세다. 시간 사용에 관한 연구는 사람들이 시간을 어떻게 보내고, 누구와 함께 보내며, 그럴 때 어떤 기분인지에 관한 중요한 데이터를 제공해준다.[+] 이 연구를 통해 밝혀진 중요한 사실 가운데 하나는 함께 있기 제일 부담스러운 사람이 직장상사라는 점이다.[+]

　친구와 친척, 직장동료, 자녀 등 사람들이 속한 모든 카테고리 중에서 실험 대상자들은 직장상사와 보냈던 시간을 하루 중 최악의 시간으로 꼽았다. 심지어 하루 중 수행하는 특정 활동을 기준으로 비교해보았을 때도, 상사와 함께한 시간이 허드렛일이나 집안일을 하면서 보낸 시간보다 더 괴로웠던 것으로 나타났다. 이는 스웨덴에서 진행한 조사를 어느 정도 설명해줄 수 있는 결과로, 스웨덴에서 3,000명 이상의 직장인을 대상으로 실시한 한 연구에 따르면 주변인들 중 가장 불편한 사람이 상사라고 생각하는 사람들의 경우 심각한 심장질환에 걸릴 위험이 24% 더 높다는 결과가 나왔다.[+] 그리고 그런 상사와 4년 이상 함께 일한 경험이 있는 사람들은 그 위험이

39%나 더 높았다.

우리가 지금까지 조사한 근로자들 중 업무 몰입도가 최하인 집단의 특징을 살펴보면 직장상사가 부하직원에게 관심을 기울이지 않는 경우가 많았다. 이렇게 상사가 직원을 무시할 경우 일부러 업무를 등한시하거나 직업에 대한 부정적인 감정을 갖게 될 가능성이 40%였다. 상사가 최소한의 관심을 기울일 때에는 비록 그 관심이 부하직원의 약점에 초점이 맞춰져 있더라도, 의도적으로 업무에 몰두하지 않을 가능성이 22%로 낮아진다. 그리고 상사가 부하직원의 강점에 주로 관심을 가져줄 경우에는 일부러 업무에 몰두하지 않게 될 확률이 1%로 뚝 떨어진다.[+]

물론 우리 대부분은 직장상사를 마음대로 선택할 권한이 없지만, 상사와 부하 간의 관계는 업무 몰입도와 육체적 건강 및 전반적인 행복 수준에 근본적인 영향을 미치므로 특별한 주의를 기울일 필요가 있다. 힘든 직장생활을 하고 있는 한 실험 참가자는 자기 상황을 이렇게 토로했다.

"제가 업무상의 문제점을 찾아내거나 어떤 사안을 팀장님께 가져가면 도무지 제 말을 듣지 않아요. 업무성과도 영 엉망으로 나오고요. 정말이지 이젠 지쳤어요. 저는 일을 훌륭

히 해내고 싶거든요. 어떤 명백한 문제를 들고 팀장을 찾아
갔는데, 팀장이 말을 들어주지 않거나 아무런 신경도 쓰지
않는다면, 아마 당신도 일부러라도 그 문제에 관심을 접게
될 겁니다."

만일 새로운 일자리를 찾고 있는 중이라면, 직책이나 복지,
회사의 명성이나 연봉만 따져볼 게 아니라 가능하다면 누가
직장상사가 될지에 대해서도 알아볼 필요가 있다.

잘하는
일을 하라 ●●

전 세계 많은 이들이 일은 '즐길 만
한 대상이 아니다'라는 전제하에 살아간다. 이런 인식은 근본
적으로 잘못된 것이지만 우리 사회와 경제모델 곳곳에 침투
해 있다. 그 결과 사람들은 일간 및 주간 업무시간을 최소한으
로 줄이기 위해 애를 쓰고 있으며 가능한 빨리 은퇴하려고 노
력한다. 그러나 막상 '은퇴연령'이 가까워지면 아무 일도 하지
않고 지내는 삶이 얼마나 무료할지 걱정한다. 한 연구에 따르
면 50대에 접어든 사람들의 약 3분의 2가 계속 일하고 싶어하

는 것으로 나타났다.[+]

1958년 고故 조지 갤럽George Gallup이 실행한 연구를 보면, 수명을 90대까지 연장시키는 주요 요인들 중 하나가 직업적 행복이라는 점을 알 수 있다. 이 '노인에 관한 연구'의 일환으로 갤럽은 95세 이상의 미국 노인 수백 명을 대상으로 심층 인터뷰를 진행했다. 1950년대 당시 남성들의 평균 은퇴연령은 65세 정도였지만, 95세가 넘은 남성들은 평균적으로 80세까지 손에서 일을 놓지 않았다. 더욱 주목할 점은, 이들 남성 중 93%가 일에서 엄청난 만족감을 느낀다고 보고했으며, 86%는 일을 하는 것이 즐겁다고 응답했다는 점이다.[+]

일에서 즐거움을 얻기 위한 핵심 요인들 중 하나는 매일같이 강점을 활용할 기회를 갖는 것이다. 강점을 발휘하고 일상의 작은 성공들을 경험하는 것만으로도 우리는 더 많은 것을 배울 수 있다.[+] 가장 잘할 수 있는 일을 할 기회가 '없는' 사람들과 비교해볼 때, 강점을 발휘할 기회가 있는 사람들은 업무에 몰입할 확률이 6배나 더 높고, 훌륭한 삶을 살고 있다고 답할 가능성도 3배 이상 높다.[+] 갤럽이 확보한 전 세계 데이터에 따르면, 이런 사람들은 직장에서 보내는 주당 40시간을 온전히 즐길 수 있다. 반면에 강점을 발휘할 기회가 주어지지 '않은' 사람들은 법정 근로시간의 절반인 20시간 이후부터 탈진

상태로 남은 20시간을 보낸다는 사실을 알 수 있다.[+]

　물론 당신이 좋아하는 일을 하고 있다고 해서 지치거나 스트레스를 받을 리 없다는 말은 아니다.[+] 현재 당신이 일을 아무리 즐긴다 해도 어쨌든 주당 60시간 이상 일하는 것은 모든 면에서 좋지 않을 수 있다. 그리고 주당 20시간 이상 일을 하고 싶거나 일해야 하는 사람들은 자신의 강점과 맞아떨어지는 일자리를 찾는 게 바람직하다.

직업적 행복을 위한 포인트 ●●

　　　　　　직업적 행복 수준이 높은 사람들은 아침에 눈을 뜨자마자 그날 할 일에 대한 기대감으로 활기찬 하루를 맞이한다. 집안일을 하든, 학교에서 수업을 듣든, 사무실에서 업무를 보든 그들은 매일같이 강점을 활용함으로써 삶의 질을 향상시킬 기회를 갖는다. 직업적 행복을 충만하게 누리고 있는 사람들은 원대한 인생 목표와 더불어 세부적인 목표들을 이뤄나가기 위한 계획도 갖고 있다. 대개 그들 곁에는 미래에 대해 열정을 불러일으켜 주는 상사나 리더, 열정을 함께 나눌 친구들이 있다.

보통 직업적 만족도가 높은 사람들이 일에 과도하게 많은 시간을 할애할 것이라고 생각하기 쉽다. 그러나 사실 그들은 인생을 즐기는 데 '더 많은' 시간을 사용하고, 더욱 원만한 인간관계를 확보하고 있으며, 자신의 일을 아끼고 사랑한다.

직업적 행복을 높이기 위한
3가지 조언

1
매일매일 잘하는 일을 한두 개씩 해서
성취감을 느껴라.

2
미션을 공유하고 성장을 자극해줄 사람을
찾고 그 사람과 더 많은 시간을 보내라.

3
직장에서 즐겁게 어울릴 수 있는 사람이나
팀과 더 많은 시간을 보내라.

P. 40

갤럽의 조사 결과를 감안할 때, 안타깝게도 이 질문에 강한 '긍정'을 표명할 수 있는 사람은 약 20% 정도밖에 안 될 듯하다.

: 이 연구를 위해 전 세계적으로 1만 598명과 인터뷰했다. 응답자들의 19%가 "당신은 현재 하고 있는 일을 좋아합니까?"라는 질문에 강력한 동의를 나타냈다.

P. 41

직업적 측면에서 행복해하는 사람들은 그렇지 않은 사람들에 비

해 인생 전반에서 만족감을 누릴 확률이 2배 이상 높다.

: 이에 대한 연구를 위해 성별, 연령, 소득, 교육 수준을 통제한 상황에서 1만 4,366명과 인터뷰했다.

P. 42

몇 십 년간 13만 명의 사람들을 추적, 조사한 이 연구를 통해 연구 진은 결혼이나 이혼, 출산, 배우자의 사망과 같은 인생의 주요 사 건들이 삶의 만족도에 어떤 영향을 미치는지 살펴볼 수 있었다.

: Clack, A. E., Diener, E., Georgellis, Y., & Lucas, R. E.(2008). Lags and leads in life satisfaction: A test of the baseline hypothesis. *The Economic Journal, 118*(529), F222~F243.

이 논문을 인용해 다시 그린 본문의 그림은 남성과 여성의 데이 터를 통합한 것이다. 그러나 본문에서 언급했듯이 실업이 지속 될 때 나타나는 장기적인 영향력은 여성보다 남성에게 훨씬 더 강력했다.

P. 45

실험이 진행되는 동안 참가자들은 몸에 작은 기계를 달고 다녔 는데, 우리는 필요할 때마다 그 기계로 신호를 보내 피실험자들 을 불러서 무엇을 하고 있었으며 누구와 함께 있었는지, 그들의

기분은 어떤지 등을 물었다.

: Stone, A., & Harter, J. K.(2009). *The experience of work: A momentary perspective.* Omaha, NE: Gallup.

P. 47

따라서 직업적 행복이 충만할 경우 신나는 주말과 그에 못지않게 즐거운 주중을 보낼 수 있으며, 직장에 있는 시간도 업무에서 벗어난 시간만큼이나 충분히 즐겁게 즐길 수 있다.

: 우리 연구실은 스토니 브룩 대학Stony Brook University과 시라큐스 대학Syracuse University에 있었고 이 연구는 아서 스톤 박사Arthur Stone, Ph. D.와 레이한 리트처 켈리 박사Leighann Litcher-Kelly, Ph. D., 조슈아 스미스 박사Joshua Smyth, Ph. D.의 감독하에 이루어졌다. 타액은 목요일, 금요일, 토요일에 하루 동안 임의적으로 6회에 걸쳐(매일 아침, 점심, 저녁에 두 차례씩) 취합되었다. 코티솔의 분비는 일정한 주기를 보이는데, 하루 중 아침에 코티솔 수치가 더 높게 나타난다. 특정 하루의 시간을 통제해놓은 상황에서는 순간순간의 코티솔 수치가 순간적인 스트레스, 행복감, 흥미와 상당히 높은 연관성을 보인다. 스트레스가 높고 행복감과 흥미가 더 낮은 순간에는 코티솔 수치가 더 높게 나타난다. 직원의 몰입도는 갤럽 Q12로 측정되었다. 몰입도가 낮은 직원들로부터 주중 아침에 측

정한 코티솔 수치는 몰입도가 높은 직원들에 비해 매우 높게 나
타났다. 토요일 아침에 측정한 코티솔 수치는 몰입도가 높은 직
원과 낮은 직원 사이에 아무런 차이를 보이지 않았다.

P. 48~49
즐거운 주말과 끔찍한 주중 사이에 나타나는 극명한 차이를 살펴
보면 심장마비 발병 가능성이 월요일에 왜 더 높은지도 알 수 있다.
: Witte, D. R., Grobbee, D. E., Bots, M. L., & Hoes, A. W.(2005). A
meta-analysis of excess Cardiac Mortality on Monday, *European
Journal of Epidemiology, 20*(5), 401~406.

아래의 표는 갤럽과 헬스웨이스Healthways가 매일 추적한 미국 전
역의 행복에 관한 자료다. 대부분의 사람들은 주중보다 주말과
휴가기간에 훨씬 더 좋은 지표를 보인다.

주중 Vs. 주말·휴일간 기분의 차이			
하루의 유형	행복과 즐거움을 느끼는 비율	스트레스나 걱정이 많은 비율	행복 : 스트레스 비율
주중	44%	12%	4:1
주말과 휴일	56%	9%	6:1

출처: 갤럽·헬스웨이스 행복 지수.

P. 50

그래서 일주일 중 스트레스가 가장 덜한 즐거운 일요일을 보내고 몰입도가 낮은 일터로 복귀하는 월요일 아침, 신체 리듬이 급격히 전환되는 과정에서 우리 몸에 무리를 줄 수 있다.

: 코티솔의 높은 수치가 장기간 지속될 경우, 월요일에 심장마비의 잠재적 위험을 높이는 것 이외에도 훨씬 더 큰 폐해를 가져다줄 수 있다. 증가한 코티솔은 혈압을 높이고, 면역체계를 약화시키며, 치유를 늦추고, 갑상선 기능을 억제하며, 혈당의 불균형을 초래하고, 골밀도를 낮추고, 두뇌활동에 지장을 줄 수 있다. 주중 내내 스트레스가 높을 경우 여러 신체적 문제가 나타날 수 있으며, 특히 직업에 대한 몰입도가 아주 낮은 사람들은 그럴 가능성이 더 크다. 반면 직업에 대한 몰입도가 높은 사람들의 경우, 일에 대한 몰입도가 스트레스와 부정적인 감정을 상쇄하는 완충장치가 되어준다.

Steptoe, A., Wardle, J., & Marmot, M.(2005). Positive affect and health-related neuroendocrine, cardiovascular, and inflammatory processes. *PNAS, 102*(18), 6508~6512.

Schlotz, W., Hellhammer, J., Schulz, P., & Stone, A. A.(2004).

Perceived work overload and chronic worrying predict weekend-weekday differences in cortisol awakening response. *Psychosomatic Medicine, 66*(2), 207~214.

Ebrecht, M., Hextall, J., Kirtley, L. G., Taylor, A., Dyson, M., & Weinman, J.(2004). Perceived Stress and cortisol levels predict speed of wound healing in healthy adult males. *Psychoneuroendocrinology, 29*(6), 798~809.

P. 50

직업에서의 행복도를 높이면 불안감과 우울증에 걸릴 위험을 낮출 수 있다.

: Agrawal, S., & Harter, J. K.(2009). 업무 몰입도는 다음 해에 우울증과 불안감의 변화 정도를 예측해볼 수 있는 지표가 된다. Omaha, NE: Gallup.

P. 50

1년 후 2009년 실험 대상자들에게 연락을 취해 지난 한 해 동안 우울증 진단을 받은 적이 있는지 다시 물어보았다.

: 이에 대한 갤럽 패널 연구에서 우리는 9,561명의 사람들과 인터

뷰했다.

P. 51

게다가 2008년 당시 직업 몰입도가 특히 낮았던 사람들은 다음 한 해 동안 우울증 진단을 받을 확률이 거의 2배나 높게 나타났다.

: 우리는 정규직과 임시직 근로자들을 장기적으로 추적하는 연구를 위해 우울증 진단 병력이 전혀 없는 7,993명의 사람들과 인터뷰했고, 2008년부터 2009년까지 그들의 질병 내역을 추적했다. 2009년 3월까지 우울증 진단에 대한 483명의 신규 건수가 보고되었다. 그리고 나서 우리는 2008년에 측정했던 몰입도가 2009년 처음으로 우울증 진단을 받은 사람들에게 어떤 영향을 미쳤는지 알아보았다.

다음 해 동안 우울증 진단을 받게 될 확률	
직업에 몰입되어 있는 경우	4.6%
직업에 몰입되어 있지 않은 경우	6.0%
일부러 직업에 몰입하지 않는 경우	8.8%

P. 51

또 다른 연구에서 우리는 업무 몰입도의 변화와 콜레스테롤 및

트리글리세라이드triglyceride(중성지방) 수치의 변화 사이에 어떤 관계가 있는지 알아보기 위해 2년간 직장인들을 추적 조사했다.

: Harter, J. K., Canedy, J., & Stone, A. (2008). *A longitudinal study of engagement at work and physiologic indicators of health.*

이 논문은 2008년 워싱턴 D.C.에서 열린 '노동과 스트레스 및 건강 컨퍼런스Work, Stress, and Health Conference'에서 발표되었다. 이 연구를 위해 2년에 걸쳐 331명의 직장인들을 추적 조사했다.

P. 51

자료를 분석해본 결과, 업무 몰입도가 높은 사람들의 경우 총 콜레스테롤과 트리글리세라이드 수치가 현격히 낮았다. 그리고 업무 몰입도가 낮은 사람들은 콜레스테롤과 트리글리세라이드의 총 수치가 높게 나타났다.

: 이런 패턴은 55세 이상의 직장인들에게서 훨씬 더 분명하게 나타났으며, 이 결과는 건강 기록과 약물 복용, 성별 및 다양한 기타 변수들을 통계적으로 통제해놓은 여건에서도 마찬가지였다.

P. 52

시간 사용에 관한 연구는 사람들이 시간을 어떻게 보내고, 누구와 함께 보내며, 그럴 때 어떤 기분인지에 관한 중요한 데이터를

제공해준다.

: 이 주제에 대해 더 자세히 알고 싶다면 이 책의 부록 '행복 수준
을 높이는 부가적 방법들' 중 일상적 행복을 참고하기 바란다.

Kahneman, D., Krueger, A. B., Schkade, D., Schwarz, N., &
Stone, A.(2004). Toward national well-being accounts. *The
American Economic Review*, 94(2), 429~434.

Kahneman, D., Krueger, A. B., Schkade, D. A., Schwarz, N., &
Stone, A. A.(2004). A Survey method for characterizing daily life
experience: The day reconstruction method. *Science, 306*,
1776~1780.

P. 52

**이 연구를 통해 밝혀진 중요한 사실 가운데 하나는 함께 있기 제
일 부담스러운 사람이 직장상사라는 점이다.**

: Krueger, A. B., Kahneman, D., Schkade, D., Schwarz, N., &
Stone, A. A.(2008). *National time accounting: The Currency of
life(Working Papers No. 1061)*, Princeton, NJ: Princeton
University, Department of Economics, Industrial Relations Section.

P. 52

이는 스웨덴에서 진행한 조사를 어느 정도 설명해줄 수 있는 결과로, 스웨덴에서 3,000명 이상의 직장인을 대상으로 실시한 한 연구에 따르면 주변인들 중 가장 불편한 사람이 상사라고 생각하는 사람들의 경우 심각한 심장질환에 걸릴 위험이 24% 더 높다는 결과가 나왔다.

: Nyberg, A., Alfredsson, L., Theorell, T., Westerlund, H., Vahtera, J., & Kivimaki, M.(2009). Managerial leadership and ischaemic heart disease among employees: The Swedeish WOLF study. *Occupational and Environmental Medicine, 66*(1), 51~55.

P. 53

이렇게 상사가 직원을 무시할 경우 일부러 업무를 등한시하거나 직업에 대한 부정적인 감정을 갖게 될 가능성이 40%였다. 상사가 최소한의 관심을 기울일 때에는 비록 그 관심이 부하직원의 약점에 초점이 맞춰져 있더라도, 의도적으로 업무에 몰두하지 않을 가능성이 22%로 낮아진다. 그리고 상사가 부하직원의 강점에 주로 관심을 가져줄 경우에는 일부러 업무에 몰두하지 않게 될 확률이 1%로 뚝 떨어진다.

: Rath, T.(2007). *StrengthsFinder 2.0.* New York: Gallup Press.

P. 54~55

한 연구에 따르면 50대에 접어든 사람들의 약 3분의 2가 계속 일
하고 싶어하는 것으로 나타났다.

: MetLife Foundation/Civic Ventures.(2005, June). *New Face of
Work Survey*. 검색 날짜와 출처: 2009년 9월 1일, http://www.
civicventures.org/publications/surveys/new_face_of_work/new_
face_of_work.pdf

P. 55

더욱 주목할 점은, 이들 남성 중 93%가 일에서 엄청난 만족감을
느낀다고 보고했으며, 86%는 일을 하는 것이 즐겁다고 응답했다
는 점이다.

: Public Opinion Surveys, Inc.(1959). Who lives to be 95 and older:
A study of 402 Americans 95 years of age and over. Princeton, NJ.

P. 55

강점을 발휘하고 일상의 작은 성공들을 경험하는 것만으로도 우
리는 더 많은 것을 배울 수 있다.

: Dye, D.(2009, August 26). *We learn more success, not failure*.
검색 날짜와 출처: 2009년 12월 18일 ABC News 웹사이트

http://abcnews.go.com/Techmology/DyeHard/story?id=8319006

P. 55

가장 잘할 수 있는 일을 할 기회가 '없는' 사람들과 비교해볼 때, 강점을 발휘할 기회가 있는 사람들은 업무에 몰입할 확률이 6배나 더 높고, 훌륭한 삶을 살고 있다고 답할 가능성도 3배 이상 높다.

: Rath, T. (2007). *StrengthsFinder 2.0.* New York: Gallup Press.

P. 55~56

갤럽이 확보한 전 세계 데이터에 따르면, 이런 사람들은 직장에서 보내는 주당 40시간을 온전히 즐길 수 있다. 반면에 강점을 발휘할 기회가 주어지지 '않은' 사람들은 법정 근로시간의 절반인 20시간 이후부터 탈진 상태로 남은 20시간을 보낸다는 사실을 알 수 있다.

: 전 세계 사람들의 임의적인 사례들을 조사하면서 우리는 그들에게 하루 전에 얼마나 많은 시간 동안 업무를 했는지 물어보았다. 또한 그들에게 그날 하루 동안의 경험과 감정들에 관한 다양한 질문들을 던졌다. 직업적 행복이 낮은 사람들과 강점을 활용할 기회를 가지지 못한 사람들의 경우, 주중 20시간의 업무에 해

당하는 하루 고작 4시간의 업무 이후에 그들의 에너지가 급속도로 떨어지기 시작했다. 직업적 행복이 좀 더 높고 강점을 정기적으로 활용할 기회가 있었던 사람들을 조사해보니, 이 집단은 하루 최소한 8시간 동안 일을 할 수 있었고(주중 40시간에 해당한다), 몇몇 경우에는 하루 13시간까지 일할 수도 있었다.

Harter, J. K., & Arora, R.(2009). The impact of time spent working and job fit on well-being around the world. In E.

Diener, D. Kahneman, & J. Helliwell.(Eds.), *International Differences in Well-Being*(pp. 389~426). Oxford, UK: Oxford University Press.

P. 56

물론 당신이 좋아하는 일을 하고 있다고 해서 지치거나 스트레스를 받을 리 없다는 말은 아니다.

: 자료를 보면 직업적 행복도가 높은 사람들에게서도 이런 현상을 찾아볼 수 있다. 조사 결과 8시간의 노동 이후에도 계속 유지되었던 유일한 감정은—직업적 행복도가 높은 사람들에 대해—자부심pride이었다.

Chapter 2

관계의 힘

◆◆◆

　사회적 행복은 최소 한 명의 친한 친구에서부터 시작된다. 여기에 덧붙여 말할 것이 있다면, 그 관계의 '질'이 전반적인 건강과 행복에 매우 중요한 역할을 한다는 점이다. 한 연구는 불편한 부부관계가 시간이 흐름에 따라 실제로 육체적 건강을 크게 악화시킨다는 점을 밝혀냈다. 우리 연구에 따르면 최소 서너 명의 절친을 둔 사람이 그렇지 않은 사람보다 더 건강하고 고차원적인 행복을 누리며, 일에도 잘 몰두한다. 친한 친구가 한 명도 없는 경우에는 무료함과 외로움, 우울증으로 이어질 수 있다. 소셜네트워크에 대한 하버드 대학의 연구는, 행복한 친구 한 명당 당신의 행복은 약 9% 증가하고, 불행해하는 친구 한 명이 당신의 행복을 저해할 확률은 7%까지라는 사실을 알아냈다.

행복한 사람들은 서로 연결되어 있다

인생에서 가장 기억에 남는 사건이나 경험, 또는 순간을 떠올려보라. 그러면 그 장면에 항상 누군가 다른 이가 함께 있었다는 사실을 알게 될 것이다. 최고의 순간이나 가장 괴로웠던 순간은 나와 어떤 사람 사이의 교류 속에서 발생한다. 하지만 종종 사람들은 나와 가장 가까운 사이 또는 사회적 관계의 영향력을 대수롭지 않게 여기곤 한다.

인간관계가 사람들의 기대감과 욕구, 목표들에 어떤 영향을 미치는지에 관한 여러 과학자들의 연구가 진행되고 있다. 그리고 다양한 결과들이 속속 도출되고 있다. 일례로 '감정은 전염된다'는 연구 결과가 있다. 행복해하는 친구를 보면 저절로 미소를 짓게 되고 결과적으로 여러분의 기분도 덩달아 좋아진다. 반대로 회사에서 오후 내내 짜증나는 회의를 하다가 퇴근 후 집에 돌아가면 좋지 않은 감정 상태가 여러분의 배우자에게, 또 아이들에게 옮겨가기 쉽다. 인간은 주변 사람들의 분위기에 동화되는 경향이 있기 때문에 우리 감정은 온종일 서로에게 영향을 미치게 된다.[+]

흡연자들의 공간이 나날이 줄어드는 이유 ••

혈연으로 맺어진 아주 가까운 사람들뿐만 아니라 친구들의 개별적인 인간관계 네트워크도 우리 행복에 큰 영향을 미친다. 하버드 대학의 한 연구에 따르면, 행복은 '전체적인 네트워크'에 좌우된다. 이 연구는 상호 연계된 하나의 네트워크에 속해 있는 30세 이상의 1만 2,000명을 대상으로 장기간 추적 조사하는 식으로 진행되었다. 연구 결과, 사회적 네트워크상의 직접적인 연관관계가 행복하다면 당신이 행복해질 가능성이 무려 15%까지 증가하는 것으로 나타났다.[+] 쉽게 말해 행복한 사람과 직접적이고 빈번하게 만난다면 당신도 행복해질 가능성이 높아진다는 말이다.

이 연구에서 더 주목할 점은 '간접적인' 연계가 우리의 행복에 영향을 미치는 정도다. 하버드 대학의 연구는 간접적인 유대관계에 대해서도 비슷한 결과를 찾아냈다. 즉 당신과 직접적인 관계가 있는 친구의 한 친구가 행복하다면 당신의 친구가 행복해질 확률이 15%까지 높아지고, 당신이 행복해질 가능성은 10%까지 증가한다. 당신이 이 간접적인 연계가 있는 사람을 아예 알지 못하거나 그와 아무런 상호관계가 없다고 해도 말이다.

즉 당신의 친구의 친구의 친구도 당신의 행복에 영향을 미칠 수 있다는 의미다. 소셜네트워크에 관한 이 연구에 따르면, 유대관계상 당신과 세 단계 떨어져 있는 어떤 사람이 행복할 경우, 당신이 행복해질 확률은 6% 더 높아진다. 행복 지수의 6% 증가는 그리 대단해보이지 않을 수 있지만, 소득 증가와 행복 지수의 영향력을 연구한 결과와 비교해보면 사실상 이는 대단히 의미 있는 수치다. 이 연구 결과 연간 1만 달러의 소득 증가는 행복 지수를 겨우 2% 높이는 효과에 그친 것으로 나타났다.[+]

이 결과를 통해 연구자들이 내린 결론은 친구 및 친인척의 행복 수준이 소득의 증가보다 행복에 더 많은 영향을 주는 예측변수라는 점이다. 하버드 대학의 연구원 니콜라스 크리스타키스Nicholas Christakis의 설명은 다음과 같다.

"사람들은 소셜네트워크의 구석구석을 차지하고 있으며 한 사람의 행복이 다른 이들의 건강과 행복에 영향을 줍니다. (…) 인간의 행복은 개별적으로 동떨어진 개인들의 영역에 존재하는 것이 아닙니다."[+]

크리스타키스는 또한 사회적 유대관계가 우리 습관과 행동, 건강에 어떤 영향을 미치는지에 대한 연구도 진행했다. 흡연에 관한 연구에 따르면, 흡연자와 직접적인 유대관계가 있을 경우 담배를 피우게 될 가능성이 61% 더 높았다. 두 단계 떨어진 관계, 즉 친구의 친구가 흡연자일 경우에도 흡연할 가능성은 여전히 29%가 더 높다. 그리고 세 단계 떨어진 관계일 때는 그 확률이 11% 더 높다.

이런 맥락에서 보면, 지인의 압력으로 인해 흡연율이 절반까지 뚝 떨어지게 된 경위를 쉽게 이해할 수 있다.[+] 사회생활의 소속 반경 내에서(예컨대 직장에서) 흡연이 용인되는 경우가 차츰 줄어듦에 따라 이 현상은 친구 및 가족 네트워크로도 급속히 퍼져나가고 있다. 이 연구가 진행 중이던 1971년부터

2000년 사이에 실제로 흡연자들은 소속된 네트워크에서 점점 외곽으로 밀려나고 있었다.[+]

관계는 우리의 체형도 변화시킨다 ●●

　　　　　우리가 생활 속에서 맺는 관계들은 몸무게에도 직접적인 영향을 미친다. 친구가 비만일 경우 당신이 비만이 될 확률은 57%까지 높아진다. 형제나 자매가 비만일 경우에는 그 확률이 40%다. 그리고 배우자가 비만이라면 당신이 비만이 될 가능성은 37%다.[+]

시간이 흐를수록 우리의 식습관과 운동습관은 친구의 패턴을 닮아간다. 가장 친한 친구가 매우 활동적이라면 당신의 신체활동 정도도 높아질 확률이 거의 3배나 된다. 우리가 밝혀낸 조사 결과에 따르면 매우 건강한 식습관을 생활화하는 친한 친구를 곁에 둔 사람들은 건강한 식습관을 갖게 될 확률이 5배 이상 높았다.[+] 부모의 식습관보다 가장 친한 친구의 식습관이 당신의 식습관에 훨씬 더 강력한 영향을 미치는 변수다. 즉 누구와 어울려 지내느냐가 가족력보다 건강에 더 많은 영향을 미친다.

사회적 상호작용과 육체적 활력의 조합은 복합적인 영향력을 지닌다. 우리 실험에 참여한 사람들 중 가장 높은 수준의 사회적 행복과 육체적 행복을 누리는 교사 켈리Kelly는 육체적 행복에서 친구와의 관계가 얼마나 중요한 존재였는지 잘 보여준다.

켈리의 남편은 매일 아침 일찍 일어나 운동을 하러 가는데, 그의 이런 모습은 항상 그녀가 좀 더 활력 있게 지내도록 은근히 자극을 한다. 그들은 꽤 많은 시간 동안 집 밖에서 운동을 즐긴다. 하지만 매일같이 그녀를 집 밖으로 불러내는 사람은 사실 친구 리사Lisa다. 매일 아침 그들은 켈리의 집에서 만나 최소 5~6킬로미터 정도 함께 산책을 한다. 이렇게 매일 규칙적으로 산책을 하다 보니 어느덧 서로에게 어느 정도 책임감이 생겼다. 다른 사람을 위해서라도 어쨌든 산책을 나가야 하니 말이다. 켈리는 "내가 약간 게을러지는 유일한 시점은 리사가 여행이나 출장으로 집을 떠났을 때뿐"이라고 말했다.

켈리는 또한 누군가와 함께할 때 좀 더 규칙적으로 운동을 하는 편이다. 그녀는 동료 또는 친구들과 공원을 거닐거나 가벼운 운동을 하면서 우정을 더욱 돈독히 다진다. 그녀는 이렇게 말했다.

"혼자였다면 이런 일들을 일종의 부담으로 느꼈을 겁니다. 리사가 한동안 집을 비우게 되면 저는 산책을 후딱 해치우려고 오히려 더 일찍 일어나요. 그럴 때 저는 산책을 마치 일거리처럼 생각하는 것 같아요. 산책이 건강에 좋다는 사실을 알기 때문에 일단 집을 나서기는 하는데, 되도록 최대한 후딱 해치우려는 거죠."

하지만 친구와 함께 운동을 하면서 시간이 가는 줄 모를 만큼 즐거울 때에는 상황이 달라진다. 켈리는 친구들과 함께 운동을 하고 나면 하루 종일 상쾌한 기분으로 생활하게 된다고 말했다.

타인의 행복까지 신경 써라 ••

긴밀한 우정을 다지는 일은 일반적으로 생리적 건강에도 긍정적인 작용을 한다. 좋은 대인관계는 힘겨운 시간을 겪는 동안의 고통을 어느 정도 흡수해주는 완충제 역할을 하고, 이는 다시 심혈관계의 기능을 개선시켜 스트레스 수치를 낮춰준다.[+] 반면에 극소수의 사회적 유대관계를 지닌 사람들은 심장질환으로 사망에 이를 위험이 거의 2배나 높고, 빈번한 사회적 접촉에 따른 바이러스 노출 위험이 더 적은데도 불구하고 감기에 걸릴 확률 또한 2배 더 높다.[+]

한 연구진은 가장 친밀한 관계가 육체적 건강에 어떤 영향을 미치는지 알아보기 위해 흥미로운 실험을 진행했다. 이 실험에서 연구진은 스트레스가 상처 회복에 걸리는 시간에 어떤 영향을 미치는지 관찰했다.[+] 연구진은 42쌍의 부부를 병원으로 불러 그들의 팔에 작은 상처를 냈다. 그리고 나서 상처가 치유되는 속도를 측정하기 위해 상처 위에 기계를 설치했다.

실험 결과, 부부관계가 좋지 않다고 응답한 커플들의 경우 상처가 치유되는 데 약 2배의 시간이 더 걸렸음을 확인할 수 있었다. 이는 당신이 원만하지 않은 인간관계를 맺고 있을 경우 수술이나 큰 부상에서 회복되는 데 걸리는 시간이 더 길어질 수 있다는 의미다. 인간관계와 건강의 연관성에 대한 연구가 계속되는 과정에서 연구진이 밝혀낸 사실은 질병이나 상처에서 회복되는 속도에 있어 사회적 행복이 다른 요인들보다 훨씬 큰 영향력을 지닐 수도 있다는 점이다.[+]

이 연구에서 도출할 수 있는 또 다른 함의는 '상대방과의 물리적 거리도 중요하다'는 점이다. 가까이 살고 있는 친구는 좀 더 먼 곳에 사는 친구보다 당신의 행복에 더 영향을 미치기 쉽다. 심지어 바로 옆에 사는 이웃의 행복도 당신의 행복에 영향을 준다.

당신이 맺고 있는 소셜네트워크 전부가 당신의 건강과 생활습관, 행복에 영향을 미치므로 여럿이 함께 나누는 공동의 우정이 중요하다. 친한 친구와 당신이 제3자와 우정을 나누는 그런 관계 말이다. 이런 공동의 우정에 관심을 기울인다면 결국 훨씬 더 높은 수준의 행복을 누리게 될 것이다. 이런 이유로, 우리가 주변의 '전체적인' 네트워크를 강화하기 위해 최선을 다하는 것이 굉장히 중요하다. 요약해서 말하자면, 우리는 다른 사람들의 행복에 어느 정도 관여하고 있는 셈이다.

하루 6시간 투자로
훌륭한 하루를 ●●

긴밀한 유대관계와 상대방과의 거리 이외에 사교활동에 할애하는 시간의 양도 중요하다. 우리가 수집한 자료에 따르면, 충만한 하루를 보내기 위해서는 '하루 6시간'의 사교활동이 필요하다.[+] 매일 최소한 6시간의 사교활동 시간을 확보한다면 행복이 증진되고 스트레스와 쓸데없는 걱정이 크게 줄어든다.

하루 동안 사교활동에 6시간을 할애한다는 것이 그리 어려운 일이라고 생각되지는 않을 것이다. 여기서 기억해야 할 것은, 이 6시간 안에 회사와 집에서 보내는 시간뿐만 아니라 전화 통화, 친구와의 잡담, 이메일 보내기 및 다른 의사소통 시간까지 모두 포함된다는 점이다.

하루 동안 사교활동을 거의 하지 않을 경우 좋은 하루나 나쁜 하루를 보내게 될 확률은 50대 50이다. 하지만 '사교활동을 1시간씩 늘릴 때마다 나쁜 하루를 보낼 가능성은 급속히 줄어든다.' 사교활동에 3시간만 할애해도 나쁜 하루를 보낼 확률은 10%로 낮아진다. 그리고 사교활동 시간을 늘릴수록 —약 6시간까지— 좋은 하루를 보내게 될 가능성이 높아진다.[+]

하루 6시간의 사교활동이 어쩌면 너무 많다고 여겨질 수도 있겠다. 하지만 사회적 행복을 만끽하고 있는 사람들은 실제로 '평균적으로' 하루 약 6시간 동안 사교활동을 하고 있었다. 다양한 성격유형을 기준으로 실험집단을 분류하고(외향적인 사람들과 내성적인 사람으로) 주중과 주말을 비교 분석하는 연구를 진행했을 때도 하루 동안 사교활동에 들이는 시간을 1시간씩 추가할 때마다 주목할 만한 효과가 나타났다.

사교활동은 그 시간을 늘림으로써 즉각적으로 좀 더 행복해진다는 이점 말고도, 장기적으로 볼 때 훨씬 더 큰 효과를 제공할 수 있다. 특히 나이를 먹어갈수록 더욱 그렇다. 50세 이상의 1만 5,000명 이상을 대상으로 진행한 한 연구를 보면, 활발한 사회활동을 했던 사람들은 그렇지 않은 사람들에 비해 기억력 감퇴 속도가 절반 이하였음을 알 수 있다.[+]

직장 내
절친의 효과 ●●

갤럽은 일터에서 우정이 갖는 가치에 대해 많은 연구를 수행해왔다. 그 일환으로 우리는 전 세계 1,500만 명이 넘는 사람들에게 "직장에 '절친'이 있는가"라는 질문을 던졌다. 우리가 '절친'이라는 특정 어휘를 사용한 이유는, 이전에 진행했던 실험에 비추어볼 때 단순히 '친구'나 '좋은 친구'가 있는지를 묻는 것보다 '절친'이 있는지를 묻는 것이 좀 더 강력한 상관성을 보였기 때문이다.

조사 결과, 약 30%의 직장인이 회사에 절친이 있다고 응답했다. 그런 사람들은 업무 몰입도가 7배 더 높고, 고객을 더 열정적으로 대하며, 업무 성취도가 높고, 더 고차원적인 행복을 누리고 있으며, 업무 중에 부상을 입을 확률도 더 낮았다. 반면 직장에 절친이 없는 사람들은 극명한 대조를 보였는데

12명당 고작 1명만이 업무에 몰입한 상태였다.

그렇다면 왜 직장 내 절친의 유무가 이처럼 큰 차이를 야기하는 것일까? 이를 알아보기 위해 우리는 하루 일과 내내 순간순간의 어떤 경험들이 더 고차원적 행복과 업무 몰입도를 유발하는지 관찰해보았다. 우리가 밝혀낸 바로는 이 부분에 가장 큰 영향을 미치는 단일 예측변수는 사람들이 '무슨' 일을 하는지가 아니라 '누구와 함께' 있는가였다.

한편 MIT 연구진은 직장인들을 실험 대상으로 하여 하루 종일 첨단특수장치를 소지하도록 하고 그들의 움직임과 대화를 관찰해보았다. 이 실험에 따르면 휴식시간의 잡담은 실제로 생산성에 좋은 영향을 미칠 수 있다. 연구진은 사회적 응집력이 조금만 증가해도 생산성에 큰 효과가 나타난다는 사실을 확인했다.[+]

또한 친구와 다른 공간에 떨어져 근무할 때도 친밀한 대인관계를 발전시켜나가는 일은 가능하다. 프로젝트 매니저로 일하고 있으며 사회적 행복을 충만히 영위하고 있는 로랜드 Roland는 이렇게 설명했다.

"내가 가장 친하게 지내며 자주 일하는 세 사람은 미국 각지에 흩어져 있습니다. 그래서 1년에 몇 번 간신히 얼굴을 보는 정도죠. 하지만 매일 이메일을 통해 정치나 스포츠 등에 관해 이야기를 나눕니다. 심지어 주말에도 말입니다."

친구는
몇 명이 좋을까? ••

사회적 행복은 최소 한 명의 친한 친구에서부터 시작된다. 여기에 덧붙일 것이 하나 있는데, 그 관계의 '질'이 전반적인 건강과 행복에 매우 중요한 역할을 한다는 점이다. 한 연구는 불편한 부부관계가 시간이 흐름에 따라 실제로 육체적 건강을 크게 악화시킨다는 점을 밝혀냈다.[+] 우리 연구에 따르면 최소 서너 명의 절친을 둔 사람이 그렇지 않은 사람보다 더 건강하고 고차원적인 행복을 누리며, 일에도 잘 몰두한다.[+] 친한 친구가 한 명도 없는 경우에는 무료함과 외로움, 우울증으로 이어질 수 있다.

소셜네트워크에 대한 하버드 대학의 연구는, 행복한 친구 한 명당 행복은 약 9% 증가하고, 불행해하는 친구 한 명이 우리의 행복을 저해할 확률은 7%까지라는 사실을 알아냈다.[+] 이 결과에 비추어볼 때, 새로운 인간관계가 하나씩 추가될 때마다 좀 더 행복해질 가능성도 커진다는 점을 알 수 있다.

자신의 인간관계에 큰 만족을 느끼는 스콧Scott은 긴밀하게 지내는 주변 사람들이 그의 인생에 각기 어떤 도움을 주는지 설명해주었다. 그의 아버지는 항상 그에게 좋은 질문을 던져 생각할 거리를 제공하고 직업적 측면에서 동기를 부여해준다. 그의 아내는 그가 미혼이었을 때보다 더 안정적으로 사회생활을 할 수 있도록 내조에 힘쓴다. 스콧은 또한 친한 대학친구들과 함께 많은 시간을 보낸다. 그들은 재정적 문제와 대인관계 이슈, 직장 내 갈등과 건강 문제들을 서로 의논하고 조언하는 자리를 자주 갖는다. 이렇게 스콧은 관계에 대한 니즈를 한 사람에게 의존하기보다 자기 관계망 안의 여러 강점을 적절히 활용한다.

훌륭한 인간관계의 열쇠는, 한 사람이 모든 걸 다 채워줄 거라고 기대하기보다 관계를 맺고 있는 각각의 사람들과 무엇을 주고받고 있는지에 초점을 맞추는 일이다.

사회적 행복을 위한
포인트 ●●

사회적 행복 수준이 높은 사람들은 목표를 성취하고 인생을 즐기며 건강해지도록 돕는 긴밀한 인간관계를 갖고 있다. 또한 자신의 발전과 성장을 북돋워주는 사람들에게 둘러싸여 있다. 이들은 소셜네트워크에 투자하는 일에 의식적으로 많은 시간을 들인다(평균 하루 6시간 정도). 그리고 이런 관계를 돈독하게 해주는 모임을 갖고 여행을 떠나기 위해 계획을 세운다. 결국 사회적 행복이 충만한 사람들은 훌륭한 인간관계를 맺고 있으며, 이는 그들에게 매일같이 긍정적인 에너지를 제공해준다.

사회적 행복을 높이기 위한
3가지 조언

1
친구와 가족, 동료들과 사교활동을 하는 데
하루 6시간을 할애하라
(물론 일터, 가정에서의 활동과 전화, 이메일 및
다른 커뮤니케이션도 여기에 포함된다).

2
당신의 네트워크에 있는 사람들과
공동의 유대를 강화하라.

3
사교활동 시간에 신체적 활동도 포함시켜라.
예를 들어 친구와 긴 산책로를 걷는다면
서로 건강에 대한 동기를 북돋을 수 있다.

P. 77

인간은 주변 사람들의 분위기에 동화되는 경향이 있기 때문에
우리 감정은 온종일 서로에게 영향을 미치게 된다.

: Ekman, P.(2003). *Emotions revealed: Recognizing faces and feelings to improve communication and emotional life.* New York: Henry Holt and Company, LLC(한국에서는《얼굴의 심리학》 (바다출판사, 2006)으로 출간).

P. 77

이 연구는 상호 연계된 하나의 네트워크에 속해 있는 30세 이상의 1만 2,000명을 대상으로 장기간 추적 조사하는 식으로 진행되었다. 연구 결과, 사회적 네트워크상의 직접적인 연관관계가 행복하다면 당신이 행복해질 가능성이 무려 15%까지 증가하는 것으로 나타났다.

: Fowler, J. H., & Christakis, N. A.(2008). Dynamic spread of happiness in a large social network: Longitudinal analysis over 20 years in the Framingham heart study. *BMJ*, 337, a2338+.

P. 78

이 연구 결과 연간 1만 달러의 소득 증가는 행복 지수를 겨우 2% 높이는 효과에 그친 것으로 나타났다.

: Christakis, N.A., & Fowler, J. H.(2009). *Connected: The surprising power of our social networks and how they shape our lives.* New York: Little, Brown and Company(한국에서는 《행복은 전염된다》(김영사, 2010)로 출간).

P. 79

하버드 대학의 연구원 니콜라스 크리스타키스Nicholas Christakis의 설명은 다음과 같다.

"사람들은 소셜네트워크의 구석구석을 차지하고 있으며 한 사람의 행복이 다른 이들의 건강과 행복에 영향을 줍니다. (…) 인간의 행복은 개별적으로 동떨어진 개인들의 영역에 존재하는 것이 아닙니다."

: Fowler, J. H., & Christakis, N. A.(2008). Dynamic spread of happiness in a large social network: Longitudinal analysis over 20 years in the Framingham heart study. *BMJ*, 337, a2338+.

P. 79

이런 맥락에서 보면, 지인의 압력으로 인해 흡연율이 절반까지 뚝 떨어지게 된 경위를 쉽게 이해할 수 있다.

: Christakis, N. A., & Fowler, J. H.(2009). *Connected: The surprising power of our social networks and how they shape our lives.* New York: Little, Brown and Company.

P. 79~80

이 연구가 진행 중이던 1971년부터 2000년 사이에 실제로 흡연자들은 소속된 네트워크에서 점점 외곽으로 밀려나고 있었다.

: Christakis, N. A., & Fowler, J. H.(2008). The collective

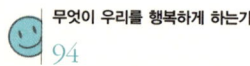

dynamics of smoking in a large social network. *The New England Journal of Medicine, 358*(21), 2249~2258.

P. 80

친구가 비만일 경우 당신이 비만이 될 확률은 57%까지 높아진다. 형제나 자매가 비만일 경우에는 그 확률이 40%다. 그리고 배우자가 비만이라면 당신이 비만이 될 가능성은 37%다.

: Christakis, N. A., & Fowler, J. H.(2007). The spread of obesity in a large social network over 32 years. *The New England Journal of Medicine, 357*(4), 370~379.

P. 80

가장 친한 친구가 매우 활동적이라면 당신의 신체활동 정도도 높아질 확률이 거의 3배나 된다. 우리가 밝혀낸 조사 결과에 따르면 매우 건강한 식습관을 생활화하는 친한 친구를 곁에 둔 사람들은 건강한 식습관을 갖게 될 확률이 5배 이상 높았다.

: Rath, T.(2006). *Vital friends: The people you can't afford to live without.* New York: Gallup Press.

P. 82

좋은 대인관계는 힘겨운 시간을 겪는 동안의 고통을 어느 정도 흡수해주는 완충제 역할을 하고, 이는 다시 심혈관계의 기능을 개선시켜 스트레스 수치를 낮춰준다.

: DukeMed News. (2004, April 13). *Isolated heart patients have twice the risk of dying, present challenges to health care workers.* Retrieved August 19, 2005, from http://www.emaxhealth.com/39/176.html

P. 82~83

반면에 극소수의 사회적 유대관계를 지닌 사람들은 심장질환으로 사망에 이를 위험이 거의 2배나 높고, 빈번한 사회적 접촉에 따른 바이러스 노출 위험이 더 적은데도 불구하고 감기에 걸릴 확률 또한 2배 더 높다.

: Rath, T. (2006). *Vital friends: The people you can't afford to live without.* New York: Gallup Press.

Cohen, S., Doyle, W. J., Turner, R., Alper, C. M., & Skoner, D. P. (2003). Sociability and susceptibility to the common cold. *Psychological Science, 14*(5), 389~395.

P. 83

한 연구진은 가장 친밀한 관계가 육체적 건강에 어떤 영향을 미치는지 알아보기 위해 흥미로운 실험을 진행했다. 이 실험에서 연구진은 스트레스가 상처 회복에 걸리는 시간에 어떤 영향을 미치는지 관찰했다.

: Kiecolt-Glaser, J. K., Loving, T. J., Stowell, J. R., Malarkey, W. B., Lemeshow, S., Dickinson, S. L., et al.(2005). Hostile marital interactions, proinflammatory cytokine production, and wound healing. *Archives of General Psychiatry, 62*(12), 1377~1384.

P. 83

인간관계와 건강의 연관성에 대한 연구가 계속되는 과정에서 연구진이 밝혀낸 사실은 질병이나 상처에서 회복되는 속도에 있어 사회적 행복이 다른 요인들보다 훨씬 큰 영향력을 지닐 수도 있다는 점이다.

: Boden-Albala, B., Litwak, E., Elkind, M. S. V., & Sacco, R. L.(2005). Social isolation and outcomes post stroke. *Neurology, 64*(11), 1888~1892.

우리가 수집한 자료에 따르면, 충만한 하루를 보내기 위해서는 '하루 6시간'의 사교활동이 필요하다.

: 우리는 갤럽·헬스웨이스 행복 지수를 활용해 14만 명 이상의 미국인들이 매일 경험하는 감정들을 추적 조사했다. 지금도 계속 진행 중인 이 연구의 일환으로 우리는 사람들에게 하루 전날 즐거움과 행복, 걱정, 스트레스를 많이 느꼈는지 여부를 말해 달라고 요청한다. 또한 하루 전날 친구나 가족과 함께 보낸 시간을 되새겨보는 시간이 어느 정도인지도 기록한다(전화 통화나 이메일을 주고받은 시간도 포함). 우리는 하루 동안의 기분과 사교활동에 보낸 시간을 비교 검토했다.

Harter, J. K, & Arora, R. (2008, June 5). Social time crucial to daily emotional well-being in U. S. Retrieved September 23, 2009, from Gallup Web site: http://www.gallup.com/poll/107692/Social-Time-Crucial-Daily-Emotional-WellBeing.aspx

사교활동에 3시간만 할애해도 나쁜 하루를 보낼 확률은 10%로 낮아진다. 그리고 사교활동 시간을 늘릴수록 —약 6시간까지—

좋은 하루를 보내게 될 가능성이 높아진다.

사교활동 시간과 하루 동안의 기분

하루 동안 사교활동에 보내는 시간	행복과 즐거움을 느끼는 비율	스트레스나 걱정이 많은 비율	행복 : 스트레스 비율
0	32%	27%	1:1
0.1~1	35%	20%	2:1
1.1~2	40%	15%	3:1
2.1~3	44%	11%	4:1
3.1~4	49%	8%	6:1
4.1~5	51%	7%	7:1
5.1~6	54%	6%	9:1
6.1~7	54%	5%	11:1
7.1~8	56%	6%	9:1
8.1~9	56%	6%	9:1
9시간 이상	56%	6%	9:1

출처: 갤럽·헬스웨이스 행복 지수.

P. 85~86

50세 이상의 1만 5,000명 이상을 대상으로 진행한 한 연구를 보면, 활발한 사회활동을 했던 사람들은 그렇지 않은 사람들에 비해 기억력 감퇴 속도가 절반 이하였음을 알 수 있다.

: Ertel, K. A., Glymour, M. M., Berkman, L. F.(2008). Effects of social integration on preserving memory function in a nationally representative US Elderly population. *American Public Health Association, 98*(7), 1215~1220.

P. 87

연구진은 사회적 응집력이 조금만 증가해도 생산성에 큰 효과가 나타난다는 사실을 확인했다.

: Economist.com.(2008, August 20). Technology Monitor. *Every move you make*. Retrieved September 22, 2009, from www.economist. com/science/tm/displaystory.cfmstory_id=11957553.

P. 88

한 연구는 불편한 부부관계가 시간이 흐름에 따라 실제로 육체적 건강을 크게 악화시킨다는 점을 밝혀냈다.

: Umberson, D., Williams, K., Powers, D. A., Liu, H., Needham, B.(2006). You make me sick: Marital quality and health over the life course. *Journal of Health and Social Behavior, 47*(1), 1~16.
이 연구는 1,000명 이상의 기혼자들을 대상으로 8년 동안 이루어졌다.

P. 88

우리 연구에 따르면 최소 서너 명의 절친을 둔 사람이 그렇지 않은 사람보다 더 건강하고 고차원적인 행복을 누리며, 일에도 잘 몰두한다.

: Rath, T. (2006). *Vital friends: The people you can't afford to live without.* New York: Gallup Press.

P. 88

소셜네트워크에 대한 하버드 대학의 연구는, 행복한 친구 한 명당 행복은 약 9% 증가하고, 불행해하는 친구 한 명이 우리의 행복을 저해할 확률은 7%까지라는 사실을 알아냈다.

: Christakis, N. A., & Fowler, J. H. (2009). *Connected: The surprising power of our social networks and how they shape our lives.* New York: Little, Brown and Company.

Chapter 3

경제적 행복

• • •

　　재정적 안정감—당신이 하고 싶은 일들을 언제라도 할 수 있을 만큼 충분한 액수 이상의 돈을 가지고 있다는 인식—은 소득이라는 단일한 요인이 전반적인 행복에 미치는 영향력보다 3배 높은 영향력을 지닌다. 또한 돈 걱정 없는 생활은 소득이 전반적인 행복에 미치는 영향보다 2배 이상의 영향력을 지닌다.

　　서점에 가보면 부자가 되는 방법에 관한 조언이 넘쳐나고, 대부분의 자산 컨설턴트들은 금전적 수익을 기초로 정보를 제공한다. 그러나 돈에 대한 이런 접근방식은 잘못된 목표를 겨냥하고 있는지도 모른다. 물론 미래를 위해 돈을 저축하고 투자수익을 극대화하는 일은 매우 중요하다. 하지만 부의 축적이라는 하나의 결과만 따라가는 것은 우리를 잘못된 길로 인도할 수도 있다.

행복은 돈의 액수보다는
돈에 대한 통제력에서 나온다

우리가 돈을 주제로 진행한 수많은 연구의 결과들은 애초에 세웠던 가정의 상당수를 뒤집어놓았다. 개인금융 부문의 대가로부터 얻은 조언은 현실적으로 잘 먹혀들지 않았다. 또한 사람들이 최적의 금전적 이득으로 귀결되는 합리적 의사결정을 내린다는 고전경제학의 핵심가정도 보기 좋게 허물어졌다. 갤럽의 연구에서도 보유한 돈의 액수가 사람들의 인생은 물론 경제적 행복을 측정하는 가장 좋은 기준이 아니라는 사실이 밝혀졌다.

행복은
돈 없이 오지는 않는다 ●●

우리 삶 전반적인 행복에 돈이 그리 중요하지 않다고 주장하는 책과 글이 꽤 많다. 이런 주장을 하는 사람들은 종종 복권에 당첨된 사람들이 몇 년 후 훨씬 더 행복한 생활을 하고 있지 않다는 연구 결과를 사례로 제시한다. 한편 기초적인 니즈를 감당하기에 충분한 돈을 확보하는 시점까지만 소득이 행복에 중요한 역할을 하는 것으로 드러난 연구들을 인용하는 사람들도 있다. 그리고 미디어는 부자이긴 해도 불행한 삶을 살아가는 사람들에 대해 끊임없이 떠들어댄다.

소득 수준과 상관없이 행복해질 기회를 누구나 똑같이 갖고 있다고 믿을 수 있다면 정말 좋을 것이다. 하지만 우리가 확보한 자료에 따르면, 이는 사실과 거리가 멀다. 갤럽이 132개 나라에서 수집한 —행복에 관한 자료를 바탕으로 수행한 종합적— 자료에 기초해볼 때, 행복과 국내총생산GDP 사이에는 명백히 상관관계 존재한다. 그리고 그 관계는 우리가 추측하는 것보다 훨씬 강력하다. 즉 좀 더 부유한 나라의 시민은 보다 높은 행복 수준을 누리며 산다.[+] 따라서 비록 돈이 행복을 보장해주지는 않는다 해도, 부유한 나라에서 산다면 괜찮은 생활을 영위할 가능성이 더 높을 수 있다.

돈은 의식주를 보장해주므로 가치가 있다. 전 세계적으로 널리 분포되어 있는 부와 빈곤처럼, 평균적인 행복 또한 아프리카의 토고부터 유럽의 덴마크에 이르기까지 매우 다양한 수치를 보인다. 이런 차이는 대체로 음식, 주거, 폭력으로부터 안전을 확보할 수 있는지의 여부가 다르기 때문이다. 예를 들어

:: 행복의 경제학

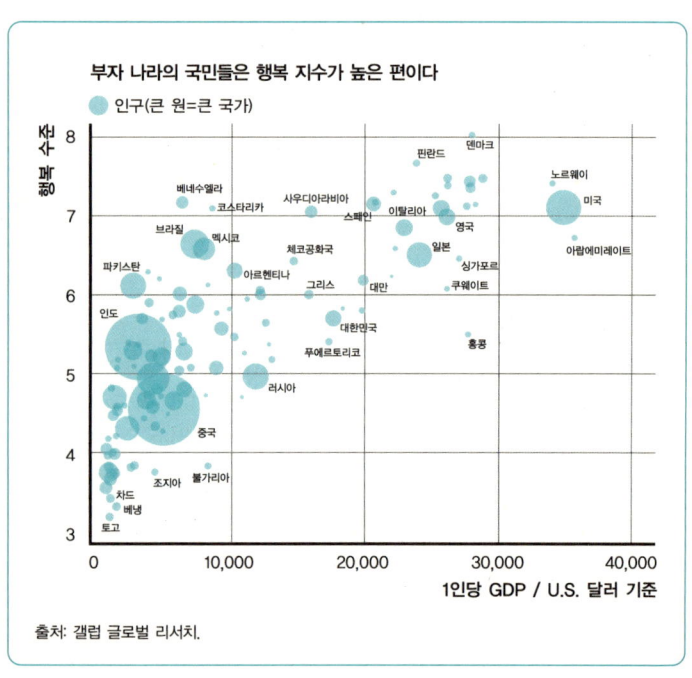

부자 나라의 국민들은 행복 지수가 높은 편이다

출처: 갤럽 글로벌 리서치.

아프리카 대륙 전체를 대상으로 한 연구에서 56%의 사람들은 지난 1년 사이에 가족이 '배고픔에 시달렸던' 적이 있다고 대답했다.[+]

소득이 낮은 국가들의 경우, 질병은 고통을 유발시키는 주요 원인들 중 하나다. 이런 나라들에서는 기초적인 건강관리를 위한 돈을 확보하는 것만으로도 행복을 증진시킬 수 있다. 그 돈이 질병의 고통에서 벗어날 수 있게 해주기 때문이다. 따라서 전 세계 수많은 사람들에게 돈은 기초적인 니즈를 충족시키기 위해 절대적으로 필요한 것이다.

소득이 중간 이상인 국가들의 경우, 돈으로 살 수 있는 일상적 즐거움과 편안함으로 행복의 수준을 설명할 수 있을 것이다. 일반적으로 돈이 많은 사람들은 원하는 '것'을 원하는 '시점'에 얻을 수 있다. 돈은 시간 활용에 대한 더 많은 통제력을 부여함으로써 단기적 행복을 높일 수 있다. 그것이 더 짧아진 통근거리이든, 집에서 가족과 함께하는 더 많은 시간이든, 친구들과 친교를 다지는 추가적인 시간을 의미하든 상관없이 말이다.

돈으로
행복을 사는 방법 ••

하버드 대학 연구팀은 자신을 위해 쓰는 돈과 다른 이들에게 쓰는 돈, 그리고 그들의 행복에 관한 설문조사를 실시했다. 그 결과 자신을 위해 돈을 쓰는 일이 행복 수준을 높이지 않는다는 점을 알아냈다. 하지만 다른 이들에게 돈을 쓰는 행동은 행복 수준을 높여주었고, 이런 행위는 그들이 버는 돈의 총 액수만큼이나 행복에 중요한 영향을 미치는 것으로 드러났다.[+]

또 다른 실험에서 이 연구팀은 최근 상당한 액수의 '보너스'를 받은 사람들을 연구했고 각 개인이 이 돈을 어떻게 쓰기로 했는지 추적해보았다. 몇몇 사람들은 생활비와 임대비, 주택대출금 상환이나 생활용품 구입 등 개인적인 용도에 그 돈을 사용했다. 다른 이들은 가외로 생긴 돈으로 타인을 위한 물품을 구매하거나 자선단체 등에 기부했다. 이번에도 자신을 위해 돈을 쓰는 행위는 행복을 증진시키지 못했던 반면, 다른 이들에게 돈을 쓰면서는 한층 더 큰 행복을 느꼈다.

세 번째 실험에서 연구팀은 각 개인들의 일상을 하루 종일 추적했다. 각각의 실험 참여자들은 5달러나 20달러가 든 봉투를 받았고 그날 5시까지 그 돈을 모두 쓰라는 미션을 부여받았다. 참가자들은 개인용품을 구입하거나, 다른 누군가를 위한 선물을 구매하거나, 자선단체에 기부하도록 임의로 지정되었다. 하루를 마감하는 시점에 조사해본 결과 실험 참가자들에게 주어진 돈의 액수는 그들의 행복도와 아무 관련이 없었다. 여기서 중요하게 작용한 요인은 그 돈이 '어떻게' 사용되었는가였다. 다른 누군가를 위해 돈을 썼거나 자선단체에 기부한 사람들은 그날이 끝나는 시점까지 놀랄 만큼 큰 행복을 경험했다. 반면 자신을 위해 돈을 사용한 사람들은 그렇지 않았다.

행복한 사람은 쇼핑을 하지 않는다 ••

울적할 때 쇼핑으로 기분을 전환하고자 하는 것은 장기적으로 큰 도움이 되지 않는다. 우울한 기분은 '훨씬 더 많은' 돈을 쓰게끔 만들 수 있다.[+] 한 실험의 보고에 따르면 우울한 기분을 유도하는 영상물을 본 사람들은 그 영상을 보지 않은 집단에 비해 '약 4배 더 많은' 돈을 지출했다. 이런 극명한 차이에도 불구하고, '우울한' 영상을 본 집단은 그 영상물이 그들의 의사결정에 아무런 영향을 미치지

'않았다'고 주장했다.

우울한 기분은 알게 모르게 재정적으로 나쁜 결정을 내리도록 이끌 수 있다. 연구 결과로 알 수 있듯이 자신을 위해 돈을 쓰는 것 자체는 어쨌든 행복 증진에 큰 도움이 되지 않겠지만, 자기에게 돈을 쓸 경우라도 우울할 때는 물건을 구매하기에 최악의 시점이다. 사람들은 기분이 '최악'일 때 '가장 많은' 지출을 한다. '쇼핑을 통한 기분 전환'은 이제 그만두자.

좋은 경험과 기억을 구매하라 ••

가족들과 외식을 하러 나가거나 휴가를 떠나는 등의 '경험'을 위한 돈쓰기는 자신의 행복 수준과 타인의 행복 수준을 높여준다. 단순히 돈을 주고 구매한 물건들은 시간이 흐르면 낡아버리지만 경험은 오랫동안 마음속에 남는다. 물건을 사고 난 직후에는 기분이 한결 나아질 수도 있겠지만 연구들에 따르면 물질적인 것들로 인한 만족감은 시간이 흐름에 따라 차츰 하락한다.[+]

하지만 즐거운 경험을 위해 돈을 쓸 경우, 그 일을 기다리며 갖는 기대감과 그날의 실제 경험, 그리고 몇몇 경우에는 수십 년 동안 지속될 즐거운 기억이라는 이득을 얻는다. 물질적인 것은 신선함을 잃게 마련이지만 '기억은 머릿속에서 오랫동안 다시 떠올려 체험할 수 있다.' 외식을 하거나 영화를 보러 외출하는 것과 같은 짧은 시간의 경험에 돈을 쓰는 결정은 우리의 행복 수준을 높여준다.[+] 사교활동에 대한 욕구를 충족시켜주는 것 이외에도, 시간이 흐름에 따라 이런 결정들에 대한 만족감을 높여주는 좋은 경험에 지갑을 연다면 후회할 확률이 적다.[+]

경제적 행복을 충만히 누리는 사람들 중 하나인 수잔Susan은 꽤 검소한 생활을 하며 불필요한 구매는 하지 않는다. 하지만 그녀와 남편은 손녀에게 영화를 보여주는 등의 재미있고 기억에 남을 만한 경험에 돈을 쓰는 일만큼은 중요하게 생각한다. 또한 그들은 친구들과 함께 여행을 가기 위해 돈을 모은다. 우리가 수잔과 이야기를 나눴을 때, 그녀와 남편은 다른 부부와 크루즈 여행을 가기로 계획하고 있었다. 수잔은 이렇게 말했다.

"우리는 그 부부와 두 번 휴가를 다녀왔고요, 그때마다 정말로 좋은 시간을 보내고 왔어요. 얼마 전 우리가 크루즈 여행을 갈 거라고 말했더니, 그들도 함께 가겠다고 하더군요."

수잔은 돈을 지출하는 방식을 설명하면서 물질적 소유물에 초점을 맞추기보다 사회적 행사들에 대한 지출을 더 중요하게 여긴다고 했다.

한편 연봉 2만 5,000달러(약 2,700만 원) 이하를 버는 사람들의 경우, 경험에 쓰는 돈과 물질적 구매는 행복 수준에 유사한 영향을 미친다.⁺ 하지만 소득 수준이 높아지면 좋은 경험을 위한 지출은 단순히 물질을 구매하는 것에 비해 행복의 수준을 2~3배 높여준다.

새로 장만한 물건이라도 시간이 흐르면 지겨워지지만 좋은 기억은 떠올릴 때마다 새록새록 즐겁다. 그리고 물질적인 것들과 달리 기억과 관련해서는 다른 결정을 내렸어야 했는지의 여부를 재고하지 않는다. 값진 경험을 위해 돈을 쓰면 오래 지속되는 좋은 기억이 남게 되고, 더 많은 경험에 돈을 지출하는 패턴이 자리 잡는다.

비교의 딜레마 ●●

수년 동안 전통적 경제학자들은 인간이 최대 이익을 위한 합리적 의사결정을 내린다고 가정해왔다. 하지만 최근 부상한 행동경제학은 이와 다른 주장을 펼친다. 다음의 두 시나리오를 살펴보도록 하자. 구매력이 동일하다고 가정할 때 여러분은 어느 쪽을 선택하겠는가?

A : 주변 사람들이 연간 2만 5,000달러를 버는 동안, 당신은 연봉 5만 달러를 버는 것.

B : 주변 사람들이 연간 20만 달러를 버는 동안, 당신은 연봉 10만 달러를 버는 것.

고전적 경제학모델을 감안하면 연봉 5만 달러보다는 10만 달러를 선택해야 마땅하다. 하지만 거의 절반에 이르는 사람들이 연봉 5만 달러의 A를 택했다.[+] 즉 벌어들이는 돈의 절대 액수보다는 타인과의 비교를 통한 상대적 액수가 행복에 더 큰 영향을 미친다. 이런 현상은 우리 의사결정에 영향을 미치고 이것이 현실적인 딜레마를 제기한다.

일례로 당신이 가을에 집을 수리해 새 테라스를 만들었다고 하자. 이것을 본 이웃이 다음 해 봄에 더 큰 테라스를 만들 경우 당신은 은근히 자부심을 느낄 것이다. 실제로 우리는 주변인들과 자신을 비교하려는 내면의 욕구를 가지고 있다. 특히 쉽게 확인이 가능한 것이나 가시적인 것들에 대해서는 더욱 그렇다. 하지만 남들과의 비교를 통해 자신을 규정해나가는 일은 결코 끝날 수 없는 극심한 생존경쟁을 유발한다. 이런 비교의 딜레마를 피해갈 수 있는 방법들 중 하나는 직업적 행복과 사회적 행복을 높이는 것이다.

갤럽은 미국의 직장인들을 임의로 골라 자기 급여를 어떻게 생각하는지, 그리고 업무에 비해 급여가 적절하다고 생각하는지 물어보았다. 조사 결과, 예상대로 대부분의 사람들이 더 많은 급여를 받아야 한다고 생각했다. 하지만 우리가 실제로 연구하고 있었던 것은 그것이 아니었다. 우리는 그들이 업무에 얼마나 몰두해 있는지, 그리고 다음 12개월 동안 직장을 그만두게 될 확률이 얼마나 되는지를 알아보고 싶었다.

동일한 수준의 급여와 업무량이 주어진 상황에서 급여가 적당하다고 생각하는 사람도 있었고 그렇지 않은 이들도 있었다. 급여에 대한 이런 인식 차이는 대체로 업무 몰입도에 따라 좌우된다. 높은 직업적 행복을 누리는 사람들은 그렇지 않은 사람들보다 동일한 액수의 급여를 훨씬 우호적으로 인식한다. 또한 주변인들과 그들 자신을 비교해보라고 주문하자, 직업적 행복과 사회적 행복을 충만히 누리고 있는 사람들은 자신의 생활수준에 만족한다고 대답하는 확률이 거의 2배 더 높았다.

돈은 계산하기 쉬운 객관적 지표지만 우리 인생에서는 여전히 매우 주관적인 변수로 작용한다. 만약 당신이 경제적 행복을 향상시키고자 한다면, 우선 직업적 행복과 사회적 행복이 어느 정도인지 확인해보기 바란다. 매일 하고 있는 일에서 성취감을 느끼고 대인관계가 돈독하다면, 이런 비교의 딜레마에 걸려들 가능성이 확연히 낮아진다. 그리고 비교 대상이 될 만한 어떤 이를 따라잡으려는 유혹에 빠지는 일도 크게 줄어들 것이다.

비합리적인 자신을 탓하지 말고, 이용해라 ●●

행동경제학자들은 경제적 의사결정에 있어 사람들이 보이는 비합리성을 주제로 삼아 많은 연구를 진행해왔다. 또한 인간이 편견을 어떻게 관리할 수 있는지에 주목하고 있다. 우리의 머릿속에서 이루어지는 계산은 엑셀 프로그램만큼 논리적이지 않다. 인간은 학자들이 말하는 '손실회피' 성향을 지닌 존재다. 다시 말해, 이미 갖고 있던 50달러를 잃는 슬픔은 50달러를 벌 때 느끼는 기쁨보다 훨씬 더 크다.[+]

우리는 돈을 절대적이 아닌 상대적인 관점으로 바라본다. 똑같은 50달러라도 자동차를 구매하는지 먹는 것에 지불하는지에 따라 달리 해석된다. 길거리에서 우연히 주운 50달러는 공과금 50달러 할인보다 더 큰 행복을 안겨주곤 한다. 동일한 액수임에도 불구하고 말이다.

이런 편향된 성향을 쉽게 확인할 수 있는 흔한 사례가 신용카드 사용이다. 시카고 대학 경제학자 리처드 탈러 Richard Thaler 가 설명하듯이 신용카드는 즉각적인 구매의 즐거움과 조만간 다가올 지불의 고통을 분리시키기 때문에 '탈동조화 장치'처럼 작동한다.[+]

신용카드 회사와 영업사원들은 늘 당장의 욕구를 자극하게 마련이다. 하지만 지금의 뛰어난 기술을 잘 활용하면 우리에게 유익한 쪽으로 자동화시스템을 설정할 수 있다. 일례로 우선 월급을 받는 즉시 세금과 보험료, 연금저축이 계좌에서 빠져나가도록 한다. 다음으로 남은 월급 중에서 의무적으로 지불해야 할 금액(주택대출금, 공과금, 자동차 할부금 등)이 자동 이체되도록 설정한다. 일정 금액이나 저축분을 따로 떼어놓도록 시스템을 구성할 수도 있다. 이렇게 기본값을 설정해놓으면 빚의 부담을 느끼지 않으면서도 필요로 하고 원하는 것에 돈을 지출할 수 있을 것이다.

우리는 종종 처음부터 바람직한 '원칙'을 설정하는 데 많은 시간을 들이지 않는다. 연금저축, 그중에서도 특히 세금이 공제되는 연금상품에 자금을 적립하는 일은 장기적인 재정적 성장과 안정된 생활을 위한 현명한 선택이다. 하지만 모두에게 유익한 세금 공제형 연금상품 가입 시 의식적 동의를 구하면 대부분의 사람들이 가입을 꺼리곤 한다. 연구를 통해 밝혀낸 바에 따르면, 회사가 직원들에게 정부가 보증하는 은퇴자금 정책에 가입하라고 대놓고 설득하자 대부분의 직원들이 가입하지 않았다. 하지만 회사 입사 시 자동적으로 연금에 가입되도록 해놓자 80% 넘는 직원들이 별다른 저항 없이 회사의 은퇴자금 정책에 참여했다.[+]

긍정적인 디폴트 설정하기 ●●

긍정적인 디폴트를 활용하는 방법은 많다. 경제적 행복을 누리는 사람들과의 인터뷰에서 우리는 놀랍도록 일관된 패턴을 발견했다. 대개 그들은 일반적 기준으로 봤을 때 '부유한' 상태가 아니었다. 하지만 니즈를 충족시킬 만한 충분한 돈을 가지고 있었고, 공과금 미납 걱정 등으로 인한 스트레스를 받는 경우가 거의 없었다.

시골에서 우편배달을 하는 린다Linda는 세심한 돈 관리가 경제적 행복의 비결이라고 말했다.

"회사 정책상 한 달 급여를 두 번에 나눠 받습니다. 그중 하나를 생활비로 쓰지요. 다른 하나는 무조건 저축합니다. 1달러를 번다고 치면 45센트를 쓰고 55센트 정도 저축하는 셈이에요. 저의 돈 관리 원칙은 간단해요. 생활비가 총 수입의 절반을 넘지 않도록 하는 겁니다."

린다는 이 원칙을 고수하기 위한 디폴트 시스템을 갖고 있었다. 매달 두 번 들어오는 월급 중 하나는 자동적으로 장기저축계좌에 입금되도록 해놓은 것이다. 그녀는 이렇게 말했다.

"두 번째 월급이 들어오면 아예 쳐다보지도 않아요. 그 돈을 쓸 생각을 할 틈도 없이 곧장 저축계좌로 이체되도록 해놨거든요."

심지어 린다는 장기저축계좌에서 돈을 인출하려면 남동생의 서명이 필요하도록 조치해두었다. 불필요한 지출을 사전에 막기 위한 전략이다. 린다는 매달 가계 상황을 점검하기 위해 생활비 계좌 잔고를 늘 눈여겨본다. 린다를 비롯해 경제적 행복도가 높은 사람들은 미래의 경제적 풍요를 위해 올바른 디폴트를 설정할 필요가 있다는 점을 잘 안다. 그들은 대출기관이나 정부 등 제3자가 설정해놓은 최소한의 디폴트를 따르기보다, 재정적 미래에 대해 통제력을 발휘하며 스스로에게 책임을 부여한다. 돈에 대한 통제력은 불필요한 채무를 줄이고 부채나 신용카드로 구매한 것들로 인한 스트레스와 죄책감을 피할 수 있게 해준다. 한 번 더 린다의 말을 되새겨볼 필요가 있다.

"원하는 게 있을 때는 언제든 그것을 살 수 있고, 은행 빚이나 신용카드 빚으로 인한 일말의 불편한 감정 없이 그것에 돈을 지불할 수 있다는 사실에 늘 안정감을 느낍니다."

부자가 되겠다는 것이 잘못된 목표일까? ••

소득과 채무, 순자산은 전반적인 재정건전성을 평가하기 위해 활용하는 가장 일반적인 지표다.

하지만 경제적 행복을 충만히 누리고 있는 사람들은 이런 절대적 기준 대신 '경제적 안정감'과 '빚 걱정 없는 생활'을 거론했다. 그래서 우리는 인터뷰 대상자들의 소득 수준을 살펴본후 경제적 행복의 핵심요인들에 관한 심층 분석을 진행했다.[+]

조사 결과, 경제적 안정감—하고 싶은 일을 언제라도 할 수 있을 만큼 충분한 돈을 가지고 있다는 인식—은 소득이 전반적인 행복에 미치는 영향력보다 3배 높은 영향력을 지닌다. 또한 빚 걱정 없는 생활은 소득이 전반적인 행복에 미치는 영향보다 2배 이상의 영향력을 지닌다.

서점에 가보면 부자가 되는 방법에 관한 조언이 넘쳐나고, 대부분의 자산 컨설턴트들은 금전적 수익을 기초로 정보를 제공한다. 그러나 돈에 대한 이런 접근방식은 잘못된 목표를 겨냥하고 있는지도 모른다. 물론 미래를 위해 돈을 저축하고 투자수익을 극대화하는 일은 매우 중요하다. 하지만 부의 축적이라는 하나의 결과만 추구하는 것은 우리를 잘못된 길로 인도할 수도 있다.

오로지 이 목표 하나에만 초점을 맞출 경우 행복도가 낮아질 수도 있다. 실제로 많은 돈을 벌지만 재정적으로 안정감을 느끼지 못하는 사람들이 굉장히 많다. 그들은 정기적으로 돈 걱정에 사로잡히고, 이는 다시 그들의 행복 수준을 훼손시킨다. 반대로 소득은 조금 적지만 재정적으로 안정감을 느끼고 돈에 대한 걱정을 거의 하지 않는 사람들도 많이 있다. 대개는 그들의 행복 수준이 한층 더 높다.

돈에 의한 스트레스를 최소화하라 ●●

경제적 행복을 누리는 사람들은 자신의 생활수준에 만족해하고, 돈 걱정을 하지 않으며, 재정적 미래에 대한 확신이 있다. 우리가 이런 사람들로부터 알아낸 사실이 있다. 재정적 안정감은 소득에 상관없이 누구나 확보할 수 있다는 점이다.

목사인 로버트는 고차원적인 경제적 행복을 누리며 산다. 그는 '상상을 초월한' 집에서 살고 있다고 말했다. 그리고 그는 멋진 캠핑카를 사기에 충분한 돈이 있었고, 덕분에 그의 가족은 마음껏 여행을 다닐 수 있었다. 로버트는 이렇게 말했다.

"인생에서는 뭐든 가능한 것 같아요. 내가 목사의 길을 택한 40년 전에 누군가가 나에게 지금 같은 멋진 삶을 살라고 말했다면, 그때는 아마도 미쳤다고 생각했을지 모릅니다."

로버트는 돈을 현명하게 투자함으로써 이 모든 일을 가능하게 만들었다. 그는 장기적인 측면에서 어떻게 투자를 해야 할지에 관해 정기적으로 자산 컨설턴트에게 조언을 받았고 세무사인 아버지에게서 도움을 받았다. 로버트를 비롯해 경제적 행복을 누리는 사람들에게서 공통적으로 드러나듯이, 그들은 적당한 금액의 돈으로 큰 즐거움을 얻을 줄 알았고 높은 리스크와 부채에 따르는 지불 불능에 대한 스트레스가 없었다.

금융계의 많은 전문가들이 주택대출금을 조기에 전액 상환할 필요가 없다고 조언하곤 한다. 대출금 조기 상환에 따른 이득이 크지 않으며 세금공제 혜택이 줄어들기 때문이다. 하지만 우리가 인터뷰한 사람들 중 일부는 이 조언에 반대의견을 표명했다. 그들이 반대한 이유는, 그들의 자산관리 방식이 부를 축적하는 가장 좋은 방법이라서가 아니라 빚에 대한 부담 없이 돈에 대한 안정감을 누릴 수 있기 때문이었다.

그리고 일부 금융전문가들은 자산 포트폴리오상에 주식의 비중을 높이는 게 좋다고 조언하지만, 경제적으로 충만한 행복을 누리는 사람들은 그렇게 생각하지 않았다. 그들은 전문가의 조언과 잠재적인 높은 수익보다는 주식시장의 변덕스러운 움직임에 신경 쓰지 않아도 되는 좀 더 보수적인 전략을 택했다.

　재산을 늘리기 위한 전략이 매일같이 스트레스를 유발한다면 잠재적인 수익률이 무슨 의미가 있겠는가. 주택이나 승용차 구입처럼 목돈이 드는 지출이 빚의 부담으로 인한 불편한 감정을 야기한다면 전반적인 행복에도 이로울 리 없다. 결론적으로 현재 갖고 있는 돈을 잘만 관리한다면 당신이 원하는 '것'을 원하는 '시점'에 할 수 있을 것이다. 그리고 이것이 경제적 행복이다.

경제적 행복을 위한 포인트 ●●

　　　　　　경제적 측면에서 행복을 누리는 사람들은 대개 자기 생활수준에 만족해한다. 그들은 자산을 잘 관리해 재정적 안정감을 누린다. 덕분에 부채에서 자유롭고 돈에 의한 스트레스를 받지 않는다. 그들은 돈을 현명하게 사용할 줄 알고, 오래 지속될 좋은 기억을 위해 돈을 지불한다. 또한 타인에게 베풀 줄 알며 자신만을 위해 돈을 쓰지 않는다. 이렇게 돈을 지혜롭게 관리한 덕분에 그들은 가장 사랑하는 사람들과 더 많은 시간을 함께할 자유를 누린다.

경제적 행복을 높이기 위한
3가지 조언

1

친구나 사랑하는 사람과의 외출과 휴가 등
긍정적인 경험에 돈을 써라.

2

물질을 소유하고자 돈을 쓰기보다는
타인을 위해 돈을 써보라.

3

최소한의 돈은 모아야 한다.
돈 걱정을 줄여줄 디폴트 시스템
(생활비 자동 이체 및 저축)을 마련하라.

P. 107

**즉 좀 더 부유한 나라의 시민은 보다 높은 행복 수준을 누리며
산다.**

: Deaton, A.(2008). Income, health, and well-being around the
world: Evidence from the Gallup World Poll. *Journal of
Economic Perspectives, 22,* 2.

1인당 GDP와 캔트릴 셀프–앵커링 스트라이빙 등급Cantril Self-
Anchoring Striving Scale에 의거해 각국 응답자들이 매긴 점수 사이의

상관관계를 통해 행복도를 측정할 수 있다. 캔트릴 등급은 조사 대상자들에게 0부터 10까지 숫자가 매겨진 계단을 상상해보라고 한 후, 현 시점에서 자신이 어떤 계단에 오르게 되리라고 생각하는지 점수를 매기도록 한 것이다. 0은 향후 가능한 최악의 인생을 말하고 10은 최고의 인생을 의미한다. 1인당 GDP를 로그로 전환하면 행복(캔트릴 등급으로 평가한 인생)과 소득 사이의 상관관계는 0.84가 된다. 이는 소득이 2배가 될 때마다 전반적인 행복이 1점씩 추가된다는 의미다. 스티븐슨과 볼퍼스가 추가로 실시한 분석도 이 결과를 확증해주었고 "더 부유한 국가들이 주관적 행복에 있어 추가적인 증가가 전혀 없는 지점인 포화점의 증거를 찾아내지 못했다."

그들은 또한 대부분의 국가에서 소득과 행복 사이에 일대일 대응관계가 있다는 점을 알아냈고 경제성장과 행복 사이에도 양의 상관관계가 있음을 밝혀냈다. 이 분석 결과를 토대로 더 높은 소득이 더 큰 행복을 누릴 가능성을 높여준다고 추론할 수 있다. 좀 더 심층적인 연구는 다양한 종류의 행복과 소득, 그것들의 상이한 관계를 구분해서 진행했다. 그 연구 결과가 시사하는 바에 따르면, 매일의 경험과 감정에 대한 소득의 상관관계는 인생 전반에 대한 평가와 소득과의 관계보다 덜 강력하다. 따라서 소득은 일상적인 경험이나 기분보다 인생에 대한 평가와 더 큰 관련이 있다.

Stevenson, B., & Wolfers, J.(2008 September). *Economic growth and subjective well-being: Reassessing the Easterlin paradox.* CESifo Working Paper No. 2394, CESifo Group.

Diener, E., Kahneman, D., Arora, R., Harter, J., & Tov, W.(2009). Income's differential influence on judgments of life versus affective well-being. In A. C. Michalos(Ed.), *Social indicators research series: vol. 39. Assessing wellbeing: The collected works of Ed Diener*(pp. 233~246). London, UK: Springer.

P. 108~109

예를 들어 아프리카 대륙 전체를 대상으로 한 연구에서 56%의 사람들은 지난 1년 사이에 가족이 '배고픔에 시달렸던' 적이 있다고 대답했다.

: 아메리카 대륙의 경우 이 수치는 16%다. 아시아 대륙은 9%의 사람들이 가족 중 누군가가 굶주려본 경험이 있다고 응답했으며, 유럽의 경우에는 거우 3%만이 그런 적이 있다고 답했다.

P. 110

하버드 대학 연구팀은 자신을 위해 쓰는 돈과 다른 이들에게 쓰

는 돈, 그리고 그들의 행복에 관한 설문조사를 실시했다. 그 결과 자신을 위해 돈을 쓰는 일이 행복 수준을 높이지 않는다는 점을 알아냈다. 하지만 다른 이들에게 돈을 쓰는 행동은 행복 수준을 높여주었고, 이런 행위는 그들이 버는 돈의 총 액수만큼이나 행복에 중요한 영향을 미치는 것으로 드러났다.

: Dunn, E. W., Aknin, L. B., & Norton, M. I. (2008). Spending money on others promotes happiness. *Science, 319*(5870), 1687~1688.

P. 111

울적할 때 쇼핑으로 기분을 전환하고자 하는 것은 장기적으로 큰 도움이 되지 않는다. 우울한 기분은 '훨씬 더 많은' 돈을 쓰게끔 만들 수 있다.

: Sadness may encourage more extravagance. (2008, February 8). *The New York Times*. Retrieved September 4, 2009, from http://www.nytimes.com

P. 112

물건을 사고 난 직후에는 기분이 한결 나아질 수도 있겠지만 연구들에 따르면 물질적인 것들로 인한 만족감은 시간이 흐름에 따라 차츰 하락한다.

: Carter, T. J., & Gilovich, T.(2010). The relative relativity of material and experiential purchases. *Journal of Personality and Social Psychology, 98*(1), 146~159.

P. 113

외식을 하거나 영화를 보러 외출하는 것과 같은 짧은 시간의 경험에 돈을 쓰는 결정은 우리의 행복 수준을 높여준다.

: Van Boven, L., & Gilovich, T.(2003). To do or to have That is the question. *Journal of Personality and Social Psychology, 85*(6), 1193~1202.

P. 113

사교활동에 대한 욕구를 충족시켜주는 것 이외에도, 시간이 흐름에 따라 이런 결정들에 대한 만족감을 높여주는 좋은 경험에 지갑을 연다면 후회할 확률이 적다.

: Carter, T. J., & Gilovich, T.(2010). The relative relativity of material and experiential purchases. *Journal of Personality and Social Psychology, 98*(1), 146~159.

P. 114

한편 연봉 2만 5,000달러(약 2,700만 원) 이하를 버는 사람들의 경우, 경험에 쓰는 돈과 물질적 구매는 행복 수준에 유사한 영향을 미친다.

: Van Boven, L., & Gilovich, T.(2003). To do or to have That is the question. *Journal of Personality and Social Psychology, 85*(6), 1193~1202.

P. 115

하지만 거의 절반에 이르는 사람들이 연봉 5만 달러의 A를 택했다.

: Solnick, S. J., & Hemenway, D.(1998). Is more always better: A survey on positional concerns. *Journal of Economic Behavior & Organization, 37*(3), 373~383.

P. 117

다시 말해, 이미 갖고 있던 50달러를 잃는 슬픔은 50달러를 벌 때 느끼는 기쁨보다 훨씬 더 크다.

: Thaler, R. H.(1999). Mental accounting matters. *Journal of Behavioral Decision Making, 12*(3), 183~206.

P. 118

시카고 대학 경제학자 리처드 탈러Richard Thaler가 설명하듯이 신용카드는 즉각적인 구매의 즐거움과 조만간 다가올 지불의 고통을 분리시키기 때문에 '탈동조화 장치'처럼 작동한다.

: Thaler, R. H. (1999). Mental accounting matters. *Journal of Behavioral Decision Making, 12*(3), 183~206.

P. 119

연구를 통해 밝혀낸 바에 따르면, 회사가 직원들에게 정부가 보증하는 은퇴자금 정책에 가입하라고 대놓고 설득하자 대부분의 직원들이 가입하지 않았다. 하지만 회사 입사 시 자동적으로 연금에 가입되도록 해놓자 80% 넘는 직원들이 별다른 저항 없이 회사의 은퇴자금 정책에 참여했다.

: Nessmith, W. E., Utkus, S. P., & Young, J. A. (2007, December). *Measuring the effectiveness of automatic enrollment.* Retrieved September 22, 2009, from the Vanguard Center for Retirement Research Web site: https://institutional.vanguard.com/VGApp/iip/site/institutional/researchcommentary/articleFile=EffectivenessAutoEnrollment

기업들은 직원이 안정적인 경제적 미래를 준비하도록 돕기 위해 자동 가입을 특징으로 하는 연금 플랜 쪽으로 빠르게 옮겨가고 있다. 2003년에만 해도 401(k) 플랜의 겨우 8%만이 자동으로 등록되었다. 2007년까지 이 수치는 36%까지 증가했으며 대기업들 중에는 51% 이상까지 높아졌다.

P. 122

그래서 우리는 인터뷰 대상자들의 소득 수준을 살펴본 후 경제적 행복의 핵심요인들에 관한 심층 분석을 진행했다.

: 우리가 진행했던 연구의 일환으로 연간 소득을 비롯한 각 개인의 경제적 행복에 대한 수많은 질문을 던졌다. 세계적 설문조사 기관 월드폴World Poll이 수집한 이전의 자료들을 통해, 소득이 분명 행복에 중요하지만 불완전한 역할을 수행한다는 사실을 알게 되었다. 그래서 우리는 돈 걱정과 경제적 안정감에 영향을 미치는 연간 소득의 정도를 알아보고자 연구를 진행했다. 이를 위해 연간 소득의 상대적 중요성과 돈 걱정, 경제적 안정감을 살펴보고자 회귀분석을 실시했다. 회귀분석은 연구자들로 하여금 교육 수준과 나이, 성별 또는 사회적 지위와 같은 다른 변수들을 통제한 상태에서 각각의 변수들이 특정 사안에 독립적으로 기여하는 정도를 알아볼 수 있도록 해주는 분석수단이다.

◆

Chapter 4

건강해야 행복하다

기름진 음식 섭취가 향후 심장마비 위험을 30% 더 높인다는 사실을 단순히 알고 있는 것만으로는 단기적 의사결정을 변화시키지 못한다. 이미 흡연과 폐암 사이의 상관관계가 밝혀진 지 오래지만 아직도 수백만 명의 사람들이 담배를 끊지 못하는 것과 마찬가지로, 어떤 음식이 우리 몸에 해로운지에 관한 기본적인 인식만으로는 당뇨병이나 비만을 막지 못할 것이다. 올바른 라이프스타일을 몸에 익히기 위해서는 나쁜 식습관과 몸을 많이 움직이지 않는 게으름이 어떤 부정적인 영향을 주는지 이해할 필요가 있다. 단기적 인센티브들 사이의 상관관계가 우리로 하여금 매순간 바람직한 결정을 내리도록 할 수 있다는 점을 깨닫게 되면, 좀 더 장기적인 측면의 목표까지 이르는 데 많은 도움이 된다.

잘 먹고, 더 움직이고, 잘 자라!

우리는 먹고 마시는 모든 것 앞에서 선택의 기로에 선다. 우리 몸에 '완벽히 유익한' 음식을 택할 수도, '순전히 나쁜' 음식을 택할 수도 있다. 우리는 하루에도 수백 번씩 이런 결정의 순간과 마주한다. 바람직한 선택을 한다면(예를 들어 브로콜리를 곁들인 연어를 주문하는 것), 유쾌하게 하루를 보낼 수 있고 장기적으로는 당뇨병, 심장질환, 암 등에 걸릴 확률도 크게 줄어든다. 반면 순전히 부정적인 선택을 한다면(예를 들어 치즈버거와 감자튀김을 주문하는 것), 그날 하루 남은 시간 동안 활력이 떨어지고 장기적으로는 혈당의 수치 및 콜레스테롤 수치가 높아질 수 있다.

새로운 연구가 제시하는 바에 따르면, 포화지방이 높은 식사는 동맥기능을 떨어뜨려 신체와 두뇌로 충분한 혈액을 실어 나르지 못하게 한다.[+] 뉴욕 대학의 제럴드 와이스만Gerald Weissmann 박사에 따르면 '고지방 식사로 인한 더부룩함'은 신체 기능을 떨어뜨리고 두뇌활동을 손상시킨다.[+] 또한 올란도에서 진행된 한 연구에 따르면, 오랜 기간 핫도그와 감자튀김, 피자를 먹으면 입은 즐겁겠지만 근육과 두뇌에 이상이 생길 수 있다고 경고한다.

적당히 자고 운동을 하면서 좋은 음식과 나쁜 음식을 동시에 택한다면, 우리 몸은 그럭저럭 중간 상태를 이룬다. 하지만 충분히 자고 열심히 운동을 하면서 먹고 마시는 것도 바람직한 것으로 택한다면 건강이 눈에 띄게 좋아진다.

우리는 겨우 하루를 보내면서도 수시로 선택의 기로에 놓인다. 모닝커피에 크림을 넣을지 말지, 오후 간식으로 스낵을 먹을지 말지, 탄산음료를 마실지 물을 마실지 매번 갈등하다가 나쁜 결정을 내리곤 한다. 그 결정이 우리 몸에 해롭다는 사실을 잘 알고 있음에도 불구하고 선택의 기로에서 나쁜 결정을 내리는 것이다. 기름진 음식 섭취가 향후 심장마비 위험을 30% 더 높인다는 사실을 단순히 알고 있는 것만으로는 단기적 의사결정을 변화시키지 못한다.[+] 이미 흡연과 폐암 사이의 상관관계가 밝혀진 지 오래지만 아직도 수백만 명의 사람들이 담배를 끊지 못하는 것과 마찬가지로, 어떤 음식이 우리 몸에 해로운지에 관한 기본적인 인식만으로는 당뇨병이나 비만을 막지 못할 것이다.

올바른 라이프스타일을 몸에 익히기 위해서는 나쁜 식습관과 몸을 많이 움직이지 않는 게으름이 어떤 부정적인 영향을 주는지 이해할 필요가 있다. 단기적 인센티브들 사이의 상관관계가 우리로 하여금 매순간 바람직한 결정을 내리도록 할 수 있다는 점을 깨닫게 되면, 좀 더 장기적인 측면의 목표까지 이르는 데 많은 도움이 된다. 건강에 좋거나 나쁜 결정은 수년에 걸쳐 우리 생활에 녹아든다. 매일같이 유익한 결정을 더 많이 내릴 수만 있다면, 대를 이어서도 건강을 유지할 수 있다는 사실을 기억하기 바란다.

유전자와의 전쟁 ●●

간혹 병원에 가면 심장질환이나 암, 기타 가족력에 대해 상세히 물어볼 때가 있다. 유전적 요인이 미래의 건강을 예측하는 하나의 방법이라는 사실을 의사는 잘 알기 때문이다. 어떤 유전자들은 건강에 유익하고 특정 질병을 피해가도록 해주지만, 어떤 것들은 광범위한 질병에 취약하게 만든다.

유전자의 영향력을 감안한다면, 건강의 많은 부분이 우리 통제권에서 벗어나 있다고 느끼기 쉽다. 어쨌건 유전자를 바꾸거나 DNA를 재배치할 순 없다. 그러나 새로운 연구가 밝혀낸 바에 따르면, 유전자의 발현을 제어할 수는 있다. 비록 만성질환에 취약한 유전자를 몸 안에 지니고 있더라도, 그 유전자의 발현을 증폭시키거나 잠재우기 위해 우리가 할 수 있는 일들이 있다.

한 연구는 전립선암에 걸릴 확률을 높이는 특정 유전자를 가진 사람들이 매주 일정량의 브로콜리를 섭취함으로써 이 유전자의 발현을 눈에 띌 정도로 억제시킬 수 있었음을 밝혀냈다.[+] 즉 완벽하게는 아니더라도 일정 수준까지는 건강과 관련된 유전자의 활동을 통제할 수 있다. 심지어 다음 세대로 유전되는 것도 어느 정도 막을 수 있다.

다음 세대를 위한
유전자 보호 ●●

　　　　　　　　과학자들은 수년 동안 생물학적 특질이 세대를 통해 전달되는 유일한 방법이 유전자라고 생각해왔다. 하지만 이런 인식은 잘못된 것이었음이 차츰 밝혀지고 있다. 반면 생물학자들은 일생 동안 경험하는 건강상의 문제가 자녀뿐만 아니라 '미래 세대'에게도 전이될 수 있다는 점을 밝혀냈다. 이 새로운 발견은 '후성유전학epigenetic inheritance'이라는 이름으로 널리 알려졌고, 이는 우리 주변에서 생각보다 더 쉽게 확인할 수 있다.[+] 예를 들어 연구들이 시사하는 바에 따르면, 당신이 청소년기에 영양실조 상태였다면, 당신의 자녀와 손자가 심장질환과 당뇨병에 취약할 수 있다. 한 동물 실험에서는 후성적 변화가 특정 종들에게서 몇 대를 이어 나타나는 현상이 추적되었다. 몇 시간, 몇 주, 몇 달간의 건강 증진 노력만큼이나 올바른 라이프스타일을 선택하는 것도 자녀와 손자의 건강에 영향을 미칠 수 있다는 점을 기억해야 할 것이다.

먹거리는
까다롭게 선택하라 ••

우리가 먹는 음식은 건강과 일상적 경험 및 수명에 큰 영향을 미친다. 예를 들어 6만 명의 여성을 대상으로 한 연구에 따르면 지방분이 많은 생선을(대표적인 예로 연어) 매주 1회 이상 먹으면 신장암에 걸릴 위험이 74%까지 낮아진다.[+] 이는 지방분이 높은 생선에 오메가-3 지방산이 많이 함유되어 있기 때문일 확률이 높다. 오메가-3 지방산은 각종 암과 알츠하이머와 같은 인지력 퇴보와 심장질환 및 여러 질병을 예방하는 것으로 알려져 있다.[+] 또 다른 연구에서는 일정 정도의 오메가-3가 우울증 증상을 완화해주고 충동을 억제하며 기분을 좋게 만들어줄 수 있는지 여부를 밝혀내기도 했다. 선조들은 오메가-6(육류와 식물성 지방에 함유)대 오메가-3(생선, 견과류, 씨앗류에 함유)의 섭취율을 2대 1로 유지했다. 오늘날 서구 국가들은 그 비율이 10대 1에 육박한다.

2009년 한 연구진은 오메가-6 지방산대 오메가-3 지방산의 섭취율을 조사했는데, 이는 오메가-3 섭취가 염증과 천식, 당뇨병 및 관절염을 완화시키는 이유를 설명해줄 수 있을 것으로 보인다.[+] 이 실험에서 연구팀은 식생활이 생리적 변화를 일으키는지 알아보고자 건강한 사람들에게 선조들의 식습관

(2대 1)에 따라 식단을 통제하도록 했다. 연구 결과 염증과 자기면역 질환, 알레르기 반응을 활성화시키는 여러 주요 유전자가 식단의 변화로 인해 겨우 5주 사이에 확연히 줄어들었음을 밝혀냈다.

과학자들은 평생 먹는 음식의 선택이 몸에 어떤 영향을 주는지에 대해 많은 것들을 밝혀내고 있다. 가령 음식의 선택과 공복감에 대한 연구 결과가 있다. 흔히 알고 있는 대로라면 위가 비었을 때 배고픔을 느끼는 것으로 생각하기 쉽지만 사실은 그렇지 않을 수도 있다. 오히려 우리가 먹는 음식이 몸을 속여서 더 많은 지방분이 필요하다고 생각하도록 만들고, 악순환을 촉발시킬 수도 있다. 탄수화물과 당분이 많이 함유된 식사를 하면 식욕조절 세포들을 손상시켜 우리의 몸이 당장 더 많은 음식을 필요로 하지 않음에도 불구하고 더 많은 음식을 섭취하라고 뇌에 메시지를 보낸다.[+] 이 사실을 감안하면, 전통적으로 식습관상 당분과 탄수화물 함량이 높은 문화권에서 음식 섭취량이 특히 더 높게 나타나는 이유를 설명할 수 있을 것이다.

반면 아보카도와 견과류, 올리브오일에 함유된 건강에 좋은 (불포화)지방은 이와 '정반대' 메시지를 전달하고 우리 뇌에 먹는 것을 '멈추라는' 신호를 보낸다.[+] 우리 뇌는 '감자튀김을 조금만 먹는 건 괜찮을 거야'라고 인식한다. 즉 단기적으로 볼 때 크게 '해가 안 되는' 음식에 대해 긴장의 끈을 놓도록 하는 것이다. 그러나 우리 뇌의 판단이나 명령과 달리 분명한 진실은 한 줌의 견과류나 신선한 채소가 몸에 더욱 바람직한 결과를 가져다줄 것이란 점이다.

경고 하나 하자면, 모든 채소가 우리 몸에 좋은 예방효과를 지니는 건 아니다. 일정량의 브로콜리 섭취가 전립선암을 방지해준다고 밝혀낸 연구에서, 그 연구팀은 브로콜리 대신 완두콩을 섭취하도록 조치한 집단을 추적 조사했다. 브로콜리를 섭취한 집단과 비교할 때, 12달 동안 매주 1회씩 완두콩을 섭취한 집단은 유전자 발현에서 큰 변화를 보이지 않았다.[+]

건강에 이로운 식품을 고르는 가장 간단한 방법은 붉고 푸른 색깔이 선명한 과일과 채소를 택하는 것이다. 사과, 토마토, 딸기, 라즈베리, 붉은 고추, 칠리 고추와 석류 등은 진하고 선명한 붉은색을 띠는 게 좋다. 브로콜리와 아스파라거스, 아티초크artichoke, 시금치, 새싹채소, 상추, 아루굴라arugula, 콜라드collard, 케일kale이나 근대 등의 채소는 짙은 녹색일수록 좋다. 블루베리와 블랙베리, 양배추, 포도 등은 짙은 보라색을 골라라.

사람들이 종종 별다른 생각 없이 섭취하는 나쁜 음식들 중

토핑과 드레싱, 스낵과 음료 등을 세심히 살피는 것도 중요하다. 이런 음식들은 대개 칼로리가 높고 당분과 지방이 많이 함유되어 있다. 자칫 건강한 메인코스를 순식간에 유해하게 바꿔버릴 수도 있다. 핵심은 식사 때마다 더욱 건강한 음식을 선택하는 지혜와 절제다. 이런 음식들은 활력을 높여주고 오랜 시간 동안 배고픔을 억제해준다.

24시간을 책임지는 20분 운동 ●●

조사 결과 생각보다 많은 사람들이 충분한 운동을 하지 않는 것으로 나타났다. 우리가 연구했던 사람들 중 겨우 38%만이 운동을 꾸준히 하고 있거나 활발한 육체활동을 한 적이 있다고 대답했다. 우리가 심층적으로 설문조사한 40만 명의 미국인들 중 오직 27%만 권장운동량인 주간 하루 30분 정도의 운동을 하고 있었다.[+]

그러나 일주일에 최소 2일 운동하는 사람들은 더 행복하고 스트레스 지수 역시 크게 낮아진다. 그리고 운동 횟수가 증가할수록 스트레스가 낮아지고 행복 지수가 높아져 건강에 유익해진다. 우리는 한 주간 운동 일수를 하루씩 늘릴 때마다ㅡ

최소 6일까지, 그 이상은 수확체감의 법칙이 작용한다— 에너지 수준이 계속 증진된다는 점을 알아냈다.[+]

최근 연구에서 밝혀진 바에 따르면, 하루 단 20분의 운동으로도 몇 시간 동안 기분이 한결 나아지는 것으로 나타났다.[+] 연구진은 한 집단에게 적당히 자전거를 타도록 하고 운동을 전혀 하지 않은 다른 집단과 비교 관찰했다. 그 결과 겨우 20분간의 운동으로도 운동을 전혀 하지 않은 사람들에 비해 2, 4, 8, 12시간 뒤에도 즐겁고 상쾌한 기분이 계속 유지되었다.[+]

메이요 클리닉 Mayo Clinic이 발표했듯이, "에너지 부족은 나이가 아니라 활동을 하지 않는 데서 비롯된다." 20분 내지 30분 정도의 운동시간조차 확보되지 않는 날에는 단 11분간 역기운동만 해도 신진대사율이 높아지는 것으로 나타났다. 이는 우리 몸속에 쌓인 지방을 연소시키는 데 도움이 된다.[+] '어떤' 운동이든 아예 운동을 하지 않는 것보다는 분명히 낫다.

너무 피곤하다고요?
지금이 바로 운동을 할 최적의 시간입니다 ●●

쉽게 납득할 수 없겠지만 피곤을 푸는 가장 좋은 방법 중 하나가 운동을 하는 것이다. 많은 사람들이 피곤해서 운동을 못한다고 핑계를 대지만, 사실 피곤할 때가 운동 효과를 최대화할 수 있는 시점이다. 70차례 이상의 종합적 분석에서 밝혀진 바에 따르면, '운동은 피로회복제보다 훨씬 효과적'이다.[+] 이 연구는 건강한 성인부터 암, 당뇨병 및 심장질환과 같은 만성적 질병을 앓고 있는 사람들에 이르기까지 거의 모든 이들이 운동을 통해 도움을 얻을 수 있다는 사실도 알아냈다.

사람들이 규칙적으로 운동을 하는 주된 이유들 가운데 하나는 외모에 대한 자신감을 높여주기 때문이다.[+] 그런데 운동은 단지 자존감을 위해서만 중요한 게 아니다. 콜롬비아 대학의 연구진은 신체이미지에 대한 심리적 인식이 체질량 지수 body mass index, BMI와 같은 객관적 수치들만큼이나 중요할 수 있음을 밝혀냈다.[+]

운동 습관을 들이거나 육체적 행복을 향유하는 데는 나이 제한이 없다. 현재 88세인 데이브Dave에게 '비슷한 또래의 노인들이 일상적으로 할 수 있는 일들을 못하게 하는 건강상의 문제가 있느냐?'고 묻자 확신에 찬 목소리로 '없다'고 대답했다. 데이브는 별다른 육체적 불편함도 전혀 없다고 말한다. 아마도 이는 그가 매일 아침 6시에 일어나 장거리 산책을 하고 스스로 마당을 가꾸고 집을 수리하는 등 매일같이 활기찬 생활을 하기 때문일 것이다. 데이브는 이렇게 말했다.

"나는 늘 바쁘게 지냅니다. 틈틈이 독서도 하고, 컴퓨터도 자주 활용합니다. 뇌는 물론이고 몸 안의 모든 장기들을 써 먹지 않으면 기분이나 컨디션이 좋을 수가 없습니다."

데이브는 은퇴 후 직장 다닐 때만큼 출장을 자주 가지는 않지만, 지금도 1년에 몇 차례씩 친구들과 해외로 나가 골프를 즐긴다. 그는 산책 말고도 매일같이 30분 동안 열심히 운동을 한다. 그리고 나서 하루에 최소 10분에서 12분간 스트레칭도 한다.

데이브는 88세의 고령임에도 불구하고 육체적으로 늘 최상의 컨디션을 유지하며 외모에도 상당한 자신감을 가지고 있다. 우리는 그의 건강관리 방법에 대해 의사가 뭐라고 하느냐고 물었다. 그러자 데이브는 "의사가 지금처럼만 하라고 하더군요!"라고 기분 좋게 대답했다.

하루를 재가동시키는 버튼, 수면 ●●

건강한 식습관, 규칙적인 운동과 더불어 수면도 육체적 행복에 핵심 역할을 한다. 우리는 숙면의 중요성을 연구하기 위해, 밤새 한 번도 안 깨는 숙면의 효과를 추적하는 실험을 했다. 감정적으로 짜증이 난 상태로 잠자리에 들었지만 숙면을 취한 사람들은 다음 날 아침과 낮 시간 동안 평균 이상의 컨디션을 보였다. 반면 하루를 마감하는 시점에는 기분이 좋았으나 수면시간이 부족했던 사람들의 경우, 다음 날 컨디션이 보통으로 떨어졌으며 무척 예민한 모습을 보였다.

밤사이 숙면은 재가동 버튼을 누르는 것과 같다. 숙면은 하루 동안 쌓인 스트레스 유발인자들을 말끔히 없애준다. 그다지 좋지 않은 하루를 보냈더라도, 밤에 충분한 수면을 취하면 다음 날 활기찬 하루를 시작할 수 있다. 그리고 하루 종일 활력 넘치는 생활을 할 수 있도록 해준다.

그런데 해마다 수면시간이 줄어들고 있다. 현대인들의 주중 평균 수면시간은 6.7시간인 것으로 나타났다.[+] 즉 권장 수면시간인 7~8시간보다 잠이 부족하다는 의미다. 그 결과 몸의 움직임이 둔해지고, 집중력이 떨어지며, 건망증이 생기고,

그릇된 의사결정을 내리며, 몹시 예민해진다. 이 모든 것이 수면 부족이 초래하는 일이다.

뇌는
쉬지 않는다 ●●

수면은 충분한 휴식 이상의 중요한 역할을 한다. 우리 뇌는 잠들어 있을 때 더욱 활발해지고 학습 효과도 가속화된다. 뇌과학자들은 깨어 있을 때보다 잠들어 있을 때 뇌의 연상 작용과 기억 처리 과정이 더 활발해진다는 점을 밝혀냈다.[+] 결과적으로 밤에 충분한 수면을 취하면 기억력이 향상될 여지도 높다.

2004년의 한 연구는 수면과 두뇌의 정보 처리 과정 사이의 연관성을 잘 설명해준다.[+] 이 실험을 이끈 독일 연구팀은 실험 대상자들에게 복잡한 절차를 통해 특정 유형의 수학문제 풀이 방법을 가르쳐주었다. 연구팀은 실험에 참여한 사람들에게 100번 정도 문제를 반복해 풀도록 했다. 그 후 실험 참가자들은 각자 뿔뿔이 흩어졌고 12시간 후 다시 모이기로 했다. 다시 모인 자리에서 연구팀은 참가자들에게 수학문제를 200번 더 풀도록 했다. 그런데 연구팀이 실험 참가자들에게 말하지 않은 것이 있었다. 바로 문제를 푸는 훨씬 쉬운 방법이 있다는 사실이다. 실험에 참여한 사람들 일부는 시간이 흐르면서 더 쉬운 풀이 방법을 스스로 찾아냈다. 주목할 점은 충분한 수면을 취한 사람들일수록 쉬운 풀이 방법을 잘 찾아냈다는 점이다.

이처럼 수면은 때때로 문제 해결의 결정적 요인이 된다. 실험이 진행되는 동안에 충분한 수면을 취한 참가자들은 그렇지 못한 사람들보다 쉬운 풀이 방법을 찾아낼 확률이 2.5배 더 높았다.

수면은 하루 중에 배운 것과 경험한 것을 뇌가 체계적으로 종합하도록 도와준다. 우리가 잠자는 동안에도 뇌는 쉬지 않는다. 뇌는 우리가 깨어나기 전까지 단편적인 사실에서 어떤 결론을 도출하는 작업을 수행한다. 따라서 밤에 푹 자는 것은 '다음 날' 가뿐히 일어나는 데 도움이 될 뿐만 아니라 '전날' 알게 된 정보를 인코딩하는 데도 역시 중요하다는 점을 잊지 말기 바란다.

적정
수면시간 ●●

매일 밤마다 적정 수면을 취하기란 사실 쉽지 않은 일이다. 많은 연구가 알려주는 바에 따르면 ─ 건강, 기억력, 외모, 행복 측면에서 이루어진 연구들─ 잠을 통해 최고의 효과를 얻으려면 매일 7~8시간 정도의 수면이 필요하다. 또한 연구자들은 짧은 수면시간(5~6시간)과 긴 수면시간(9~10시간) 모두 문제가 될 수 있다는 점을 알아냈다.

한 연구에서 밝혀진 바로는 수면시간이 짧은 사람들과 긴 사람들 모두 건강상 문제를 겪는다. 수면이 부족한 사람들은 체중이 크게 증가할 가능성이 35% 높았고, 수면시간이 긴 사람들은 25% 더 높다는 점이 한 연구에서 밝혀졌다.[+] 이것은 불면의 밤에 의해 야기된 호르몬 불균형에 기인한 것으로 보이며, 호르몬의 불균형은 실제로 다음 날 식욕을 높인다.[+] 또한 장기적인 수면 부족은 제2형 당뇨병type 2 diabetes과 사망위험을 높이는 것으로 나타난 바 있다.[+]

7시간 이하의 수면은 면역체계에도 부담을 준다. 2009년의 한 조사에 따르면, '수면시간이 7시간 이하인 사람들은 최소 8시간 수면을 취하는 사람들에 비해 감기에 걸릴 확률이 3배가량 높았다. 따라서 수면시간을 30분이나 1시간만 추가해도

감기 예방에 큰 도움이 될 뿐만 아니라 전반적인 건강 유지에
도 많은 도움이 된다.[+]

유혹의 손길을
애초에 차단하라 ●●

'애초에' 올바른 선택을 한다면 단
기적 욕구를 적절히 억제할 수 있다. 예컨대 슈퍼마켓에서 늘
건강한 선택을 할 수만 있다면, 매일 저녁 냉장고를 열면서 느
끼는 충동과 식욕을 조절할 수 있다. 점심식사를 어디서 할지
등의 사소한 결정을 내릴 때도 선택하는 식당이 주문하는 음
식보다 더 중요할 수 있다.

맛은 있지만 몸에는 좋지 않은 메뉴의 유혹을 잘 참아낼 수
있다고 말하는 사람은 10명 중 1명도 채 안 된다. 만일 패스트
푸드점에 가기로 결정한다면, 처음부터 해로운 길로 빠져들
수밖에 없다. 패스트푸드점에도 건강에 이로운 메뉴가 있기
는 하지만, 사람들은 이런 메뉴를 잘 택하지 않는다. 한 연구
에서 밝혀진 바에 따르면, 메인 식사 이외에 사이드 메뉴로 건
강식을 추가할 수 있도록 해놓은 경우(예를 들어 사이드 메뉴로
샐러드 추가) 사이드 메뉴 추가 사항이 '없는' 경우에 비해 오히

려 건강에 나쁜 선택(일례로 감자튀김)을 하게 될 확률이 3배나 더 높다.[+] 다시 말해 햄버거 가게에서 샐러드를 메뉴판에 추가할 경우 우리가 그곳에 가는 좋은 핑계거리가 될 수 있지만 막상 가게에 도착하면 우리 대부분은 햄버거와 감자튀김을 주문하게 될 확률이 높다.

반면 건강식 위주인 식당에서 점심을 먹기로 결정한다면, 당연히 좋은 결정을 내릴 확률이 높아진다. 또는 영양 만점인 점심 도시락을 싸서 직장에 가져간다면, 단기적 욕구에 휘말려 장기적 건강을 해치는 상황을 피할 수 있다. 식료품점에서 건강에 좋은 식품을 구입하고 충동을 되도록 자제할수록 매 순간 건강에 좋은 결정을 내릴 수 있다.

건강의 경제학 ●●

육체적 행복과 관련해 많은 이들이 간과하는 부분이 건강을 잃음으로써 소요되는 육체적·경제적 비용이다. 이는 분명 개인과 사회 모두에 막대한 비용을 초래한다. 세계 인구의 25% 정도가 엄청난 육체적 고통에 시달리고 있다고 한다. 즉 '질병으로 인해 일상 활동조차 못하는 사람들이 지구상에 15억 명 정도 된다.' 심지어 미국과 같은 선진국에서조차, 놀랍게도 그 비율은 전 세계 평균치와 유사하게 나타난다.⁺

육체적 고통은 그렇다 치고 경제적 비용도 충격적이다. 예를 들어 미국의 경우 건강관리 비용은 경제 전체 규모에서 16%를 차지하며 향후 10년 동안 국내총생산GDP의 20%에 이를 전망이다. 1999년 미국 내 한 가정의 보험료는 대략 연간 5,700달러(약 610만 원)였다. 2009년에는 그 비용이 1만 3,000달러(약 1,391만 원) 이상으로 치솟았고, 추정에 따르면 2018년 무렵에는 2만 5,000달러(약 2,676만 원)에 이를 것이라고 한다.

건강을 잃는 것은 육체적 문제인 동시에 경제적 부담이기도 하다. 미국 국민 세 명 중 두 명 정도는 치솟는 의료비용 때문에 곤란한 지경에 빠져 있거나, 필요한 치료를 받지 못한 채 그냥 생활하거나, 충분한 보험혜택을 받지 못하거나, 보험에 전혀 들지 못하고 있다. 하버드 대학의 한 연구에 따르면, 2007년 미국에서 발생한 전체 개인파산 중 62%가 의료비 지출로 인한 것이었다.⁺

미국의 경우 현행 보건체계에서는 대부분의 사람들이 고용주를 통해 의료혜택을 받는다. 이 비용은 국민 모두가 함께 부담한다. 따라서 대부분의 미국인들은 자신의 건강관리 비용

뿐 아니라 동료들의 의료비 지출에 대한 비용도 지불하고 있는 셈이다. 이 시스템에서 추정치들이 보여주는 바에 따르면, 건강한 미국인들이 덜 건강한 라이프스타일을 택하는 동료들 때문에 연간 1,464달러(약 156만 원)의 세금을 추가로 지불하고 있는 중이다.[+] 또 다른 연구들에서는 미국의 보건 지출 전체의 '절반 이상'이 그 인구의 고작 5%에 의해 소비된다는 점을 밝혀낸 바 있다.

게다가 의료비의 75%는 대체로 예방 가능한 질병에서 기인한다(스트레스, 흡연, 운동 부족, 나쁜 식습관). 일례로 미국의 비만 인구 비율은 전 세계에서 가장 높은 수준이다. 미국인들이 흡연자들을 사회적 네트워크의 외곽으로 내몰았던 것처럼 비만의 확산을 막을 수 있다면, 사회적·경제적 이득이 상당할 것이다. 미국인 개개인이 건강한 라이프스타일을 유지한다면 어마어마한 돈을 절약할 수 있다.

고무적인 사실은, 라이프스타일의 변화를 통해 대부분의 만성질환을 예방할 수 있다는 점이다. 예를 들어 제2형 당뇨병을 연구한 연구진은 식단 변경으로 약물 복용을 43%까지 낮출 수 있다는 사실과 바뀐 식단 덕분에 글루코스glucose, 트리글리세라이드, 콜레스테롤 수치가 현저히 낮아졌음을 알아냈다. 게다가 이는 4개월 반 만에 얻은 결과다.[+] 그리고 균형

잡힌 식생활을 한다면 단 5주 만에 염증과 알레르기를 일으키는 유전자의 발현을 억제할 수 있다는 사실도 밝혀졌다. 좋은 식습관과 적당한 운동, 충분한 수면 등 라이프스타일을 건강하게 바꾼다면 단기간 내에도 어느 정도 효과를 볼 수 있음을 알 수 있다.

육체적 행복을 위한 포인트 ●●

　　　　　　육체적 행복을 느끼며 살아가는 사람들은 공통적으로 건강관리에 능하다. 그들은 규칙적으로 운동을 하고 상쾌한 기분으로 하루를 보낸다. 그들의 건강한 식생활은 에너지를 높게 유지해주며 두뇌활동이 활발해지도록 돕는다. 또 그들은 충분한 숙면으로 휴식을 취하고 잠자는 사이 전날 알게 된 정보들을 원활히 처리한다―그리고 다음날 쾌적한 하루를 맞이한다. 육체적 행복도가 높은 사람들은 안색이 좋고 늘 좋은 기분으로 생활하기 때문에 장수할 확률도 높다.

육체적 행복을 높이기 위한
3가지 조언

1

하루 최소 20분간 운동하라.
기왕이면 하루 종일 좋은 기분이 유지되도록
오전에 운동하는 게 좋다.

2

푹 쉬었다는 느낌이 들 정도로 수면을 취하되
(일반적으로 7~8시간), 너무 오랫동안
(9시간 이상) 자는 것은 삼가라.

3

슈퍼에서 음식을 살 때
긍정적인 디폴트를 설정하라.
채소는 색깔이 선명할수록 좋다.

P. 139

새로운 연구가 제시하는 바에 따르면, 포화지방이 높은 식사는 동맥기능을 떨어뜨려 신체와 두뇌로 충분한 혈액을 실어 나르지 못하게 한다.

: Murray, A. J., Knight, N. S., Cochlin, L. E., McAleese, S., Deacon, R. M. J., Rawlins, N. P., et al.(2009). Deterioration of physical performance and cognitive function in rats with short-term high-fat feeding[Electronic version]. *The FASEB Journal, 23,* 1~8.

뉴욕 대학의 제럴드 와이스만Gerald Weissmann 박사에 따르면 '고지방 식사로 인한 더부룩함'은 신체 기능을 떨어뜨리고 두뇌활동을 손상시킨다.

: 'High-fat hangover': Eating fatty foods lowers memory function in brains, bodies.(2009, August 14). *Daily News*. Retrieved December 19, 2009, from http://www.nydailynews.com

Murray, A. J., Knight, N. S., Cochlin, L. E., McAleese, S., Deacon, R. M. J., Rawlins, J. N. P., et al.(2009). Deterioration of physical performance and cognitive function in rats with short-term high-fat feeding[Electronic version]. *The FASEB Journal, 23*, 1~8.

Nicollas, S. J., Lundman, P., Harmer, J. A., Cutri, B., Griffiths, K. A., Rye, K., et al.(2006). Consumption of saturated fat impairs the anti-inflammatory properties of high-density lipoproteins and endothelial function. *Journal of the American College of Cardiology, 48*(4), 715~720.

Winocur, G., & Greenwood, C. E.(2005). Studies of the effects of high fat diets on cognitive function in a rat model. *Neurobiology of Aging, 26*(1), 46~49.

P. 139~140

기름진 음식 섭취가 향후 심장마비 위험을 30% 더 높인다는 사실을 단순히 알고 있는 것만으로는 단기적 의사결정을 변화시키지 못한다.

: Iqbal, R., Anand, S., Ounpuu, S., Islam, S., Zhang, X., Rangarajan, S., et al.(2008). Dietary patterns and the risk of acute myocardial infarction in 52 countries: Results of the INTERHEART study. *Circulation, 118*(19), 1929~1937.

P. 141

한 연구는 전립선암에 걸릴 확률을 높이는 특정 유전자를 가진 사람들이 매주 일정량의 브로콜리를 섭취함으로써 이 유전자의 발현을 눈에 띌 정도로 억제시킬 수 있었음을 밝혀냈다.

: 이 연구 결과가 시사하는 바는, 매주 십자화과의 채소들(예를 들면 브로콜리나 콜리플라워)을 약간 섭취해주는 것만으로도 세포신호의 경로를 바꿈으로써 유전자의 발현에 엄청난 영향을 미칠 수 있다는 점이다. 정보는 이런 신호경로들을 통해 전달되는데,

이런 식품들은 유전자의 발현이 일어나는 세포핵에 그 신호를 더 많이 보내도록 만들 수 있다.

Traka, M., Gasper, A. V., Melchini, A., Bacon, J. R., Needs, P. W., Frost, V., et al.(2008). Broccoli consumption interacts with GSTM1 to perturb oncogenic signalling pathways in the prostate[Electronic version]. *PLoS ONE, 3*(7), e2568, 1~14.

P. 142

이 새로운 발견은 '후성유전학epigenetic inheritance'이라는 이름으로 널리 알려졌고, 이는 우리 주변에서 생각보다 더 쉽게 확인할 수 있다.

: Jablonka, E., & Raz, G.(2009). Transgenerational epigenetic inheritance: Prevalence, mechanisms, and implications for the study of heredity and evolution. *The Quarterly Review of Biology, 84*(2), 131~176.

P. 143

예를 들어 6만 명의 여성을 대상으로 한 연구에 따르면 지방분이 많은 생선을(대표적인 예로 연어) 매주 1회 이상 먹으면 신장암에

걸릴 위험이 74%까지 낮아진다.

: Wolk, A., Larsson, S. C., Johansson, J., & Ekman, P.(2006). Long-term fatty fish consumption and renal cell carcinoma incidence in women. *Journal of the American Medical Association, 296*(11), 1371~1376.

P. 143

오메가-3 지방산은 각종 암과 알츠하이머와 같은 인지력 퇴보와 심장질환 및 여러 질병을 예방하는 것으로 알려져 있다.

: El-Mesery, M. E., Al-Gayyar, M. M., Salem, H. A., Darweish, M. D., & El-Mowafy, A. M.(2009 April 2). Chemopreventive and renal protective effect for docosahexaenoic acid(DHA): Implications of CRP and lipid peroxides. *Cell Division, 4*(6). Retrieved December 20, 2009, from http://www.celldiv.com/content/pdf/1747-1028-4-6.pdf

Freund-Levi, Y., Eriksdotter-Jonhagen, M., Cederholm, T., Basun, H., Faxen-Irving, G., Garlind, A., et al.(2006). w-3 fatty acid treatment in 174 patients with mild to moderate Alzheimer disease: OmegaAD study. *Archives of Neurology, 63*, 1402~1408.

Mayo Clinic.(2007). The Power of 3. *Mayo Clinic Health Letter,* *25*(8), 6.

P. 143

2009년 한 연구진은 오메가-6 지방산대 오메가-3 지방산의 섭취
율을 조사했는데, 이는 오메가-3 섭취가 염증과 천식, 당뇨병 및
관절염을 완화시키는 이유를 설명해줄 수 있을 것으로 보인다.

: Weaver, K. L., Ivester, P., Seeds, M., Case, L. D., Arm, J. P., & Chilton, F. H.(2009). Effect of dietary fatty acids on inflammatory gene expression in healthy humans. *The Journal of Biological Chemistry, 284*(23), 15400~15407.

가장 최신 연구에 따르면, 육류 섭취를 최소화하고 저지방, 저탄수화물로 구성된 식사를 하는 것이 장기간의 건강 유지에 가장 좋은 방법인 것으로 보인다. 육류를 많이 포함한 저탄수화물과 고지방으로 구성된 식단으로 체중을 줄일 수는 있지만, 이런 식습관은 LDL, 즉 '나쁜 콜레스테롤'이 증가하는 부작용이 뒤따른다. 최근의 연구들에서 밝혀진 바에 따르면, 동물의 근육에서 얻은 육류는 일반적으로 다량의 포화지방과 콜레스테롤을 함유하고 있으며, 나쁜 콜레스테롤을 증가시키는 주범이 될 가능성이 높다.

: Jenkins, D. J. A., Wong, J. M. W., Kendall, C. W. C., Esfahani, A., Ng, V. W. Y., Leong, T. C. K., et al.(2009). The effect of a plant-based low carbohydrate ("Eco-Atkins") diet on body weight and blood lipid concentrations in hyperlipidemic subjects. *Archives of Internal Medicine, 169*(11), 1046~1054.

P. 144

오히려 우리가 먹는 음식이 몸을 속여서 더 많은 지방분이 필요하다고 생각하도록 만들고, 악순환을 촉발시킬 수도 있다. 탄수화물과 당분이 많이 함유된 식사를 하면 식욕조절 세포들을 손상시켜 우리의 몸이 당장 더 많은 음식을 필요로 하지 않음에도 불구하고 더 많은 음식을 섭취하라고 뇌에 메시지를 보낸다.

: Kirchner, H., Gutierrez, J. A., Solenberg, P. J., Pfluger, P. T., Czyzuk, T. A., Willency, J. A., et al.(2009). GOAT links dietary lipids with the endocrine control of energy balance. *Nature Medicine. 15*(7), 741~745.

Andrews, Z. B., Liu, Z-W., Wallingford, N., Erion, D. M., Borok, E., Friedman, J. M., et at.(2008). UCP2 mediates ghrelin's action

on NPY/AgRP neurons by lowering free radicals. *Nature,*
454(7206), 846~851.

P. 144

반면 아보카도와 견과류, 올리브오일에 함유된 건강에 좋은 (불포화)지방은 이와 '정반대' 메시지를 전달하고 우리 뇌에 먹는 것을 '멈추라는' 신호를 보낸다.

: Schwartz, G. J., Fu, J., Astarita, G., Li, X., Gartani, S., Campolongo, P., et al.(2008). The lipid messenger OEA links dietary fat intake to satiety. *Cell Metabolism, 8*(4), 281~288.

P. 145

일정량의 브로콜리 섭취가 전립선암을 방지해준다고 밝혀낸 연구에서, 그 연구팀은 브로콜리 대신 완두콩을 섭취하도록 조치한 집단을 추적 조사했다. 브로콜리를 섭취한 집단과 비교할 때, 12달 동안 매주 1회씩 완두콩을 섭취한 집단은 유전자 발현에서 큰 변화를 보이지 않았다.

: Traka, M., Gasper, A. V., Melchini, A., Bacon, J.R., Needs, P. W., Frost, V., et al.(2008). Broccoli consumption interacts with GSTM1 to perturb oncogenic signaling pathways in the prostate[Electronic version]. *PLoS ONE, 3*(7), e2568, 1~14.

그 연구진은 이 결과가 영양분이 덜 풍부한 채소들(예를 들어 완두콩, 아이스버그 레터스(상추과), 오이)과 십자화과의 채소들(예를 들어 브로콜리, 콜리플라워, 새싹채소, 양배추) 간의 차이 때문이라고 보고 있다. 브로콜리와 같은 이른바 '슈퍼 푸드'의 섭취는 호흡을 편안하게 하는 데도 도움을 줄 수 있다. UCLA 대학의 의료진이 수행한 한 연구에서 밝혀진 바에 따르면 한 주간 7온스의 브로콜리 새싹을 세 차례 섭취한 사람들의 경우 콧속에서 노화 방지 성분을 만들어내는 단백질의 생성이 200%까지 증가했다. 이 결과는 그런 음식들을 섭취하는 것이 알레르기나 대기오염, 기타 호흡기 질환에서 연유하는 염증을 방지해줄 수 있다는 점을 시사한다.

: Champeau, R. (2009, March 2). *Broccoli may help protect against respiratory conditions like asthma.* Retrieved September 23, 2009, from UCLA Newsroom Web site: http://newsroom.ucla.edu/portal/ucla/broccoli-mayprotect-against-81667.aspx

P. 146

우리가 연구했던 사람들 중 겨우 38%만이 운동을 꾸준히 하고

있거나 활발한 육체활동을 한 적 있다고 대답했다. 우리가 심층적으로 설문조사한 40만 명의 미국인들 중 오직 27%만 권장운동량인 주간 하루 30분 정도의 운동을 하고 있었다.

: Mendes, E. (2009, May 26). *In U. S., nearly half exercise less than three days a week.* Retrieved September 23, 2009, from Gallup Web site: http://www.gallup.com/poll/118570/Nearly-Half-Exercise-Less-Three-Days-Week.aspx

주간 운동량, 기회를 놓치고 있지는 않나요?	
18세 이상 성인의 주간 운동량	
매주 5일 이상 운동(150분 이상)	27%
매주 3~4일 운동(90~120분)	24%
매주 3일 이하 운동(90분 이하)	49%

2008년 5월 1일부터 2009년 4월 30일까지 조사한 인터뷰 취합 자료
출처: 갤럽·헬스웨이스 행복 지수.

P. 146~147

우리는 한 주간 운동 일수를 하루씩 늘릴 때마다— 최소 6일까지, 그 이상은 수확체감의 법칙이 작용한다— 에너지 수준이 계속 증진된다는 점을 알아냈다.

: Pelham, B. W. (2009, November 3). *Exercise and wellbeing: A little goes a long way*. Retrieved November 19, 2009, from Gallup Web site: http://www.gallup.com/poll/124073/Exercise-Little-Goes-Long.aspx

갤럽·헬스웨이스 행복 지수는 운동의 효과가 어느 정도까지 오래 지속될 수 있는지 알아보았다. 일주일에 단 하루도 운동하지 않았다고 말하는 사람들과 비교해볼 때, 매주 꾸준히 하루나 이틀 정도 최소한 30분간 운동을 했다고 응답한 사람들은 비만이 될 확률이 낮다. 매주 5일이나 6일간 운동했다고 응답한 사람들의 경우 비만이 될 확률은 거의 절반까지 줄어든다. 이 결과는 갤럽·헬스웨이스 행복 지수 연구의 일환으로 2009년 25만 명 이상을 대상으로 한 인터뷰에서 도출되었다. 흥미롭게도 이 데이터

지난 한 주간 운동한 날의 수	비만율
전혀 하지 않았음	35%
1~2일	28%
3~4일	23%
5~6일	19%
7일	20%

비만의 정도는 응답자들이 신장과 체중을 활용해 표준 체질량지수(BMI)로 각자 측정해서 직접 보고한 자료를 활용했다. 30 이상의 BMI 수치는 '비만'으로 분류되었다.
출처: 갤럽·헬스웨이스 행복 지수.

에 따르면, 매주 7일간 운동하는 경우 체중 감량과 전반적인 행복 모두에서 역효과를 볼 수도 있다.

P. 147

최근 연구에서 밝혀진 바에 따르면, 하루 단 20분의 운동으로도 몇 시간 동안 기분이 한결 나아지는 것으로 나타났다.

: Hellmich, N.(2009, June 2). Good mood can run a long time after workout[Electronic version]. *USA TODAY*. Retrieved September 23, 2009, from http://usatoday.com

P. 147

연구진은 한 집단에게 적당히 자전거를 타도록 하고 운동을 전혀 하지 않은 다른 집단과 비교 관찰했다. 그 결과 겨우 20분간의 운동으로도 운동을 전혀 하지 않은 사람들에 비해 2, 4, 8, 12시간 뒤에도 즐겁고 상쾌한 기분이 계속 유지되었다.

: 다른 연구들이 밝혀낸 바에 따르면, 하루 최소 30분의 적당한 운동이 장기간 건강을 유지하는 데 큰 효과가 있다. 규칙적인 운동은 좋은 콜레스테롤의 수치를 높이고, 혈압을 낮춰주며, 제2형 당뇨병을 예방하고, 체중 증가를 막아주며, 뼈의 건강을 유지시켜주고, 특정 종류의 암을 예방하며, 면역체계를 강화시키고, 우

울과 불안감을 해소시켜주며, 숙면을 돕는다. 기분을 좋게 해주는 단기적인 효과 이외에도, 운동은 스트레스를 낮춰주고 활력과 정력을 높여주는 효과가 있다.

: Mayo Clinic. (2008). Moderate exercise. *Mayo Clinic Health Letter, 26*(1), 1~3.

P. 147

20분 내지 30분 정도의 운동시간조차 확보되지 않는 날에는 단 11분간 역기운동만 해도 신진대사율이 높아지는 것으로 나타났다. 이는 우리 몸속에 쌓인 지방을 연소시키는 데 도움이 된다.

: Kirk, E. P., Donnelly, J. E., Smith, B. K., Honas, J., LeCheminant, J. D., Bailey, B. W., et al. (2009). Minimal resistance training improves daily energy expenditure and fat oxidation. *Medicine & Science in Sports & Exercise, 41*(5), 1122~1129.

P. 148

70차례 이상의 종합적 분석에서 밝혀진 바에 따르면, '운동은 피로회복제보다 훨씬 효과적'이다.

: Puetz, T. W., O'Connor, P. J., & Dishman, R. K. (2006). Effects of chronic exercise on feelings of energy and fatigue: A quantitative synthesis. *Psychological Bulletin, 132*(6), 866~876.

P. 148

사람들이 규칙적으로 운동을 하는 주된 이유들 가운데 하나는 외모에 대한 자신감을 높여주기 때문이다.

: Krucoff, C., & Krucoff, M.(2000). Peak performance: How a regular exercise program can enhance sexuality and help prevent prostate cancer. *American Fitness, 19*(6), 32~36.

Penhollow, T. M., & Young, M.(2004, October 5). Sexual desirability and sexual performance: Does exercise and fitness really matter?, *Electronic Journal of Human Sexuality, 7*. Retrieved September 23, 2009, from http://www.ejhs.org/volume7/fitness.html

P. 148

콜롬비아 대학의 연구진은 신체이미지에 대한 심리적 인식이 체질량 지수body mass index, BMI와 같은 객관적 수치들만큼이나 중요할 수 있음을 밝혀냈다.

: Muenning, P., Jia, H., Lee, R., & Lubetkin, E.(2008). I think therefore I am: Perceived ideal weight as a determinant of health.

American Journal of Public Health, 98(3), 501~506.

P. 150

현대인들의 주중 평균 수면시간은 6.7시간인 것으로 나타났다.

: WB&A Market Research. (2009). *2009 sleep in America poll: summary of findings*. Retrieved September 23, 2009, from the National Sleep Foundation Web site: http://www.sleepfoundation.org/article/sleep-americapolls/2009-health-and-safety

P. 151

뇌과학자들은 깨어 있을 때보다 잠들어 있을 때 뇌의 연상 작용과 기억 처리 과정이 더 활발해진다는 점을 밝혀냈다.

: Stickgold, R., & Wehrwein, P. (2009, April 18). Sleep now, remember later. *Newsweek*. Retrieved September 23, 2009, from http://www.newsweek.com

P. 151

2004년의 한 연구는 수면과 두뇌의 정보 처리 과정 사이의 연관성을 잘 설명해준다.

: Stickgold, R., & Ellenbogen, J. M. (2008, August). Sleep on it: How snoozing makes you smarter. *Scientific American Mind*, Retrieved September 23, 2009, from http://www.scientificamerican.com/article.cfmid=howsnoozing-makes-you-smarter

P. 153

한 연구에서 밝혀진 바로는 수면시간이 짧은 사람들과 긴 사람들 모두 건강상 문제를 겪는다. 수면이 부족한 사람들은 체중이 크게 증가할 가능성이 35% 높았고, 수면시간이 긴 사람들은 25% 더 높다는 점이 한 연구에서 밝혀졌다.

: Chaput, J. P., Despres, J. P., Bouchard, C., & Tremblay, A. (2008). The association between sleep duration and weight gain in adults: A 6-year prospective study from the Quebec family study. *Sleep, 31*(4), 517~523.

P. 153

이것은 불면의 밤에 의해 야기된 호르몬 불균형에 기인한 것으로 보이며, 호르몬의 불균형은 실제로 다음 날 식욕을 높인다.

: Motivala, S. J., Tomiyama, A. J., Ziegler, M., Khandrika, S., & Irwin, M. R. (2009). Nocturnal levels of ghrelin and leptin and sleep in chronic insomnia. *Psychoneuroendocrinology, 34*(4), 540~545.

P. 153

또한 장기적인 수면 부족은 제2형 당뇨병type 2 diabetes**과 사망위험을 높이는 것으로 나타난 바 있다.**

: American Academy of Sleep Medicine(2009, June 11). Link found between poor sleep quality and increased risk of death. *ScienceDaily*. Retrieved July 10, 2009, from http://www.sciencedaily.com/release/2009/06/090610091240.htm

University of Chicago Medical Center(2008, January 2). Lack of sleep may increase risk of type 2 diabetes. *ScienceDaily*. Retrieved December 21, 2009, from http://www.sciencedaily.com/releases/2008/01/080101093903.htm

P. 153~154

따라서 수면시간을 30분이나 1시간만 추가해도 감기 예방에 큰 도움이 될 뿐만 아니라 전반적인 건강 유지에도 많은 도움이 된다.

: Cohen, S., Doyle, W. J., Turner, R., Alper, C. M., & Skoner, D. P.(2003). Sociability and susceptibility to the common cold. *Psychological Science, 14*(5), 389~395.

National Heart, Lung, and Blood Institute. (2006, April). *In brief: Your guide to healthy sleep*(National Institutes of Health Publication No. 06-5800). Retrieved September 24, 2009, from http://nhlbi.nih.gov/health/public/sleep/healthysleepfs.htm

P. 154~155

한 연구에서 밝혀진 바에 따르면, 메인 식사 이외에 사이드 메뉴로 건강식을 추가할 수 있도록 해놓은 경우(예를 들어 사이드 메뉴로 샐러드 추가) 사이드 메뉴 추가 사항이 '없는' 경우에 비해 오히려 건강에 나쁜 선택(일례로 감자튀김)을 하게 될 확률이 3배나 더 높다.

: Wilcox, K., Vallen, B., Block, L., & Fitzsimons, G. J.(2009). Vicarious goal fulfillment: When the mere presence of a healthy option leads to an ironically indulgent decision. *Journal of Consumer Research, 36*(3), 380~393.

P. 156

심지어 미국과 같은 선진국에서조차, 놀랍게도 그 비율은 전 세계 평균치와 유사하게 나타난다.

: 월드폴World Poll은 미국 국내의 15세 이상 성인 46만 3,933명을

대상으로 직접 인터뷰와 전화 인터뷰를 통해 2005년 6월부터 2009년 10월에 걸쳐 조사했다. 이 조사집단에 기초한 결과들은 오차 범위 0.1%포인트 내에서 95%의 정확도를 지닌다. 연간 1,000명의 샘플집단을 기초로 조사한 개별 국가들의 경우에는 오차 범위 3.1%포인트 내에서 95%의 정확도를 지닌다.

갤럽·헬스웨이스 행복 지수는 미국 내 18세 이상 성인 70만 명 이상을 대상으로 일반전화와 휴대전화로 인터뷰를 진행한 자료 이며, 2008년 1월 2일부터 2009년 12월 30일까지 실시되었다. 이 조사집단에 기반한 결과들은 오차 범위 0.2%포인트 이내에서 95%의 정확도를 지닌다.

P. 156

하버드 대학의 한 연구에 따르면, 2007년 미국에서 발생한 전체 개인파산 중 62%가 의료비 지출로 인한 것이었다.

: Himmelstein, D.., Thorne, D., Warren, E., & Woolhandler, S.(2009). Medical bankruptcy in the United States, 2007: Results of a national study. *The American Journal of Medicine, 122*(8), 741~746.

P. 157

이 시스템에서 추정치들이 보여주는 바에 따르면, 건강한 미국인들이 덜 건강한 라이프스타일을 택하는 동료들 때문에 연간 1,464달러(약 156만 원)의 세금을 추가로 지불하고 있는 중이다.

: Thompson, D., Brown, J. ., Nichols, G. ., Elmer, P. ., & Oster, G.(2001). Body mass index and future healthcare costs: A retrospective cohort study. *Obesity Research, 9*(3), 210~218.

Centers for Medicare & Medicaid Services. (2009). *National health expenditure projections 2008—2018*: Forecast summary and selected tables. Retrieved January 8, 2010, from http://www.cms.hhs.gov/nationalhealthexpenddata/03_national healthaccountsprojected.asp

P. 157

예를 들어 제2형 당뇨병을 연구한 연구진은 식단 변경으로 약물 복용을 43%까지 낮출 수 있다는 사실과 바뀐 식단 덕분에 글루코스glucose, 트리글리세라이드, 콜레스테롤 수치가 현저히 낮아졌음을 알아냈다. 게다가 이는 4개월 반 만에 얻은 결과다.

: Barnard, N. D., Cohen, J., Jenkins, D. J. A., Turner-McGrievy,

G., Gloede, L., Jaster, B., et al.(2006). A lowfat, vegan diet improves glycemic control and cardiovascular risk factors in a randomized clinical trial in individuals with type 2 diabetes. *Diabetes Care, 29*(8), 1777~1783.

Chapter 5

줄수록 커지는 행복이 있다

＊＊＊

베푸는 행위는 받는 사람에게나 주는 사람 모두에게 분명 좋은 일이다. 심리학자들은 적십자의 이런 주장이 사실인지 여부를 알아보기 위해 실험을 했다. 실험에 참가한 사람들은 헌혈을 하기 '전'과 '후'에 기분이 좋아졌다는 경험을 보고해왔다.

공동체적 행복의 가장 높은 자리에 위치하는 것이 사회 환원이다. 이것이 단순히 좋은 삶과 정말로 훌륭한 삶을 차별화해주는 요소일 것이다. 행복 수준이 높다고 생각하는 사람들에게 '살면서 가장 훌륭한 기여가 무엇이었는지'를 묻자, 그들은 다른 사람이나 단체, 지역사회에 끼친 영향이라고 응답했다. 이렇게 대답한 사람들은 그들 자신보다 더 큰 어떤 것에 상당한 기여를 했을 뿐만 아니라, 지역사회에 대한 참여율이 높은 것으로 나타났다.

묻지도 따지지도 말고 친절을 베풀어라

공동체적 행복은 우리가 행복의 정도를 가늠할 때 가장 먼저 떠올리는 주제는 아니다. 그러나 이것은 '좋은 삶'과 '훌륭한 삶'을 가르는 차별화 요소 중 하나다. 공동체적 행복은 몇가지 기본적인 것에서 시작된다. 매일 마시는 물이나 숨 쉬는 공기의 질에 대해 깊게 생각해본 적 있는가. 아마도 별 생각 없었을 것이다. 그러나 이처럼 기본적인 것들이 충분히 확보되지 않는다면 시간이 흐를수록 큰 불안감이 조성될 수 있다. 어둑한 밤거리를 혼자 걸으면서도 안전함을 느끼고, 상해나 폭행을 당하지 않을 거라는 확신도 또 다른 기본적 요소다. 전 세계 국가들에서—특히 개발도상국— 수백만 사람들이 이런 기본적인 것들을 보장받지 못한다고 말한다. 선진국에 해당하는 미국, 영국, 프랑스, 독일 및 서유럽 몇몇 국가와 호주에서조차 세 명 중 한 명에 이르는 많은 이들이 밤중에 집 주변을 혼자 다니기 불안하다고 느낀다. 미국의 일부 도시 주민들은 치안과 공기오염 및 기타 환경오염물질에 대해 심각한 우려를 제기한다. 이런 기본적 여건이 제대로 갖춰지지 않은 경우라면 수준 높은 행복을 누리며 산다고 보기 어렵다.[+]

당신을 위한 완벽한 장소 ••

만일 당신이 기본적인 안전을 확보했다면, 공동체적 행복의 다음 단계는 당신의 취향과 가족, 관심 및 지향하는 것들과 잘 맞는 지역에서 사는 것이다. 공동체적 행복 수준이 높은 존John은 현재 거주하고 있는 지역에 관해 이렇게 설명했다.

"이 도시는 다른 곳보다 조금 느린 속도로 돌아갑니다. 야외활동을 좋아한다면 바로 여기가 최적의 장소일 겁니다.

레저를 즐기기에 그만인 곳이거든요. 거리도 깨끗하고 학교들도 훌륭하며 밤이고 낮이고 도시 어디를 걸어 다녀도 안전하다는 생각이 듭니다. 생활비도 전에 살던 곳보다 여기가 훨씬 저렴합니다."

무엇이 지역사회를 '완벽하게' 만드는지에 대한 생각은 사람마다 다를 것이다. 하지만 이상적인 지역사회를 설명하면서 사람들이 거론하는 것들 중에는 몇 가지 공통된 요소가 있다.[+] 가장 중요한 요소들 중 하나는 심미적인 것들로, 여기에는 아름다운 자연과 언제든 이용 가능한 공원, 철도, 운동장 등이 포함된다. 또 다른 핵심 요소는 충분한 생활편의시설과 친구들과 함께 즐거운 시간을 보낼 수 있는 장소다. 세 번째 요소는 인종, 문화, 나이, 성별에 상관없이 모든 이들에게 관대한 지역문화다.

그러나 단순히 이런 여건을 갖춘 지역에 사는 것만으로는 공동체적 행복을 완전히 누릴 가능성이 높지 않다. 지역 단체나 조직에 대한 적극적인 참여도 필요하기 때문이다. 사람들은 친구나 지인들로 구성된 보다 폭넓은 네트워크 집단에 속해 있다. 지역사회를 청소하거나 도움이 필요한 사람들을 돌봐주거나 지역 아이들의 학습을 돕는 봉사활동 등에 참여하면서 느끼는 즐거움은 우리의 공동체적 행복을 풍요롭게 해준다. 그런데 많은 이들이 정겹고 환경이 잘 조성된 지역사회에 살고 싶어하면서도 자기에게만 관심을 기울일 뿐 지역의 다른 이들과 어울리기를 좋아하지 않는다. 이런 식으로 살아가는 대부분의 사람들은 공동체적 행복의 수준이 낮다.

천성적으로 사교성이 부족한 사람들이라도 봉사활동이나 지역행사에 참여하거나 지역 단체와 접촉을 시작함으로써 총체적인 행복을 높여나갈 수 있다. 공동체적 행복은 지역사회에 '기여하기 위해' 우리가 할 수 있는 것이 무엇인지 찾는 것과 깊은 관련이 있다.

베풀 때 얻어지는 행복 ●●

"헌혈을 하세요. 기분이 좋아집니다."

미국 적십자 캠페인의 슬로건이 잘 말해주듯이, 베푸는 행위는 받는 사람에게나 주는 사람 모두에게 분명 좋은 일이다. 심리학자들은 적십자의 이런 주장이 사실인지 여부를 알아보기 위해 실험을 했다. 그 결과 실험에 참가한 사람들은 헌혈을 하기 '전'과 '후'에 기분이 좋아졌다는 경험을 보고해왔다.[+]

공동체적 행복의 가장 높은 자리에 위치하는 것이 사회 환원이다. 이것이 단순히 좋은 삶과 정말로 훌륭한 삶을 차별화해주는 요소일 것이다. 행복 수준이 높다고 생각하는 사람들에게 '살면서 가장 훌륭한 기여가 무엇이었는지'를 묻자, 그들은 다른 사람이나 단체, 지역사회에 끼친 영향이라고 응답했다. 이렇게 대답한 사람들은 그들 자신보다 더 큰 어떤 것에 상당한 기여를 했을 뿐만 아니라, 지역사회에 대한 참여율이 높은 것으로 나타났다.

앞서 경제적 행복에 관한 장에서 언급했듯이, 돈을 기부하는 행위는 자신을 위해 물건을 구매하는 것보다 우리에게 더욱 큰 보상을 안겨준다. 신경과학자들은 돈을 받을 때 활성화되는 두뇌영역들이(fMRI 뇌 촬영) 돈을 '줄' 때 훨씬 더 활발해진다는 사실을 알아냈다. 미국 국립보건원의 조던 그레프먼 Jordan Grafman에 따르면, 뇌의 이런 반응은 미래를 향한 계획을 세우도록 도와주고, 다른 이들과 감정적으로 더 가깝게 느끼도록 하며, 행동에 대한 보상을 느끼도록 해준다.[+]

우리는 종종 소중한 사람에게 의미 있는 선물을 주면서 큰 기쁨을 느낀다. 우리가 줄 수 있는 선물 중에서도 '우리의 시간'만큼 소중한 선물은 없을 것이다. 이는 자원봉사자들이 '돕는 자의 희열 helper's high'을 경험하는 이유를 설명해줄 수 있다.

그들은 사소한 방식으로라도 다른 이를 도와준 이후에 더욱 강력하고 보다 활기찬 모습을 보였고, 강력한 동기부여를 느꼈다.

갤럽연구팀은 이 주제로 2만 3,000명이 넘는 사람들을 설문조사했는데, 10명 중 9명에 해당하는 사람들이 타인에게 친절을 베풂으로써 '기분이 좋아지는 경험을 했다'고 보고했다. 우리는 타인을 돕는 과정에서 우리 스스로 어떻게 사회 변화를 이끌 수 있는지 확인할 수 있다.

도움이 필요한 타인에게 온정의 손길을 건네는 등의 이타적 행위는 보다 심오한 사회적 상호작용과 단단한 목적의식, 보다 활기찬 라이프스타일을 가져다준다. 그리고 자신에게 지나치게 몰두하거나 나쁜 감정에 빠져드는 것을 막아주기도 한다. 몇 가지 연구에서 밝혀진 바에 따르면, 남을 배려하는 이타적 활동과 장수 사이에는 상관관계가 있으며, 연구팀은 그 부분적인 이유를 이런 활동이 스트레스와 부정적인 감정을 방지해주기 때문일 것으로 추측했다.[+]

의무적인 나눔도
기쁨을 줄 수 있다 ●●

두 가지 선택사항이 제시되면 사람들은 기본 옵션을 선택하는 경향이 있다. 장기 기증과 같은 중요한 결정에 있어서도 그 방식이 옵트인opt in(상대방의 사전 동의를 얻는 방식)으로 설정되어 있는지, 옵트아웃opt out(상대방이 거부 의사를 밝혀야만 해당되지 않는 방식)으로 설정되어 있는지에 따라 큰 영향을 받는다.[+] 미리 작성된 체크박스 또는 자동 등록 절차는 우리가 생각하는 것보다 훨씬 더 많이 의사결정에 영향을 미친다. 예를 들어 모든 국민이 장기를 기증하도록 자동 설정되어 있고 원치 않을 경우에만 의사를 밝히도록 한 경우 대다수 사람들은 장기를 기증하기로 결정한다. 반면 장기 기증에 대한 사전 동의 절차를 거치도록 해놓은 경우에는 극소수의 사람들만 장기 기증에 동의 의사를 표한다.

심지어 디폴트 옵션에 따라 매년 수백만 명의 생사가 갈리기도 한다. 예컨대 중국에는 장기이식이 필요한 사람이 100만 명이 넘지만, 겨우 1%의 사람들만 장기이식수술을 받을 수 있다. 중국은 이식할 장기의 부족으로 인해 환자 5명 중 4명꼴로 장기이식을 기다리다 죽어간다.[+] 중국의 장기기증률은 겨우 0.3% 수준이다.

:: 옵트인 대 옵트아웃

디폴트가 설정된 상태와 그것이 우리 의사결정에 미치는 영향

국가별 장기기증률

개인 의무 Opt in		
네덜란드	27.5%	👤👤👤👤👤👤👤
영국	17.2%	👤👤👤👤
독일	12.0%	👤👤👤
덴마크	4.3%	👤

개인 의무 Opt Out		
오스트리아	99.9%	👤👤👤👤👤👤👤👤👤👤👤👤👤👤👤👤👤👤👤👤
프랑스	99.9%	👤👤👤👤👤👤👤👤👤👤👤👤👤👤👤👤👤👤👤👤
헝가리	99.9%	👤👤👤👤👤👤👤👤👤👤👤👤👤👤👤👤👤👤👤👤
포르투갈	99.6%	👤👤👤👤👤👤👤👤👤👤👤👤👤👤👤👤👤👤👤👤
폴란드	99.5%	👤👤👤👤👤👤👤👤👤👤👤👤👤👤👤👤👤👤👤👤
벨기에	98.0%	👤👤👤👤👤👤👤👤👤👤👤👤👤👤👤👤👤👤👤👤
스웨덴	89.5%	👤👤👤👤👤👤👤👤👤👤👤👤👤👤👤👤👤👤

출처: 클락(Clark) 외, 〈이코노믹 저널〉 2008. 6.

우리는 장기 기증에서 저축 계획에 이르는 거의 모든 것에서 디폴트를 스스로 설정할 수 있다. 물론 여기에는 어느 정도 노력이 필요하다. 그러나 대체로 우리는 멀찍이 떨어져 앉아 수년, 수십 년의 인생이 그저 흘러가도록 내버려둔다. 반면 공동체적 행복 수준이 높은 사람들은 정기적인 기부와 봉사활동에 참여할 적절한 방법을 적극 찾아 나선다.

우리와 인터뷰한 한 남성은 매달 여러 단체들을 방문해 자원봉사활동을 하는데, 이런 활동을 아예 시간제 근무처럼 간주한다고 했다. 또 다른 여성은 의무적으로 매달 적어도 다섯 시간씩 자원봉사를 한다. 이들처럼 공동체적 행복도가 높은 이들은 일정 시간이나 소득의 일정 비율을 스스로 정해 지역사회에 기여하는 식으로 행복을 일궈나가고 있었다.

일부 조직의 리더들은 직원 월급에서 즉시 공제되는 정기적인 기부제도를 채택해 실행하기도 한다. 진보적인 일부 회사들은 직원이 기부하는 액수에 연동한 기업펀드를 운영하기도 한다. 이처럼 개인과 조직이 디폴트를 활용해 사회 기여를 실천할 수 있는 방법은 무척 다양하다.

나의 관심사를
주변에 알려라 ●●

　　　　　　　　지역사회에 대한 기여가 모두 완전
한 이타심에서 기인하지는 않는다. 실제로 지역 단체나 봉사
단체에서 활동하는 사람들 중에 개인 의지보다는 단체의 미
션이나 대의에 감정적으로 결부된 이들이 많다. 퇴행성 질병
을 앓는 부모나 암에 걸린 친구, 자폐증을 앓는 자녀 등의 요
인이 많은 이들을 봉사활동으로 이끈다. 그리고 그들에게 봉
사활동은 정신적 치유를 가져다주고 타인을 돕는 기쁨을 통
해 행복을 느끼게 해준다.

　그 외의 많은 이들은 나름의 관심사와 개인적 미션에 이끌
려 베푸는 행위에 동참한다. 많이 베풀수록 더 행복해진다. 그
래서 공동체적 행복을 누리며 사는 사람들은 친구와 동료, 가
족에게 관심사를 미리 알려줌으로써 베풀 수 있는 기회를 더
많이 확보한다. 도움이 필요한 곳에 대한 정보는 종종 직장이
나 종교단체들을 통해서도 알게 되는데, 바로 그런 이유로 이
들 단체는 여러분의 관심사를 다른 이들에게 알릴 수 있는 좋
은 모임의 장이 된다.

지역사회 전체를
행복하게 ●●

앞에서 언급한 흡연율 하락 등의 주요한 변화는 개인의 소셜네트워크라는 맥락에서 발생했다. 그런데 사회적으로도 차츰 흡연에 대한 용납의 여지가 줄어들면서 금연에 동참하는 이들이 늘고 있는 추세다. 친구들이 하나둘 담배를 끊고, 식당에서는 흡연을 금지하며, 고용주들은 흡연자들을 밖으로 내보내 추위에 떨며 담배를 피우게 한다. 흡연자들은 자신이 속한 공동체의 외곽으로 밀려나면서 결국 오랜 습관을 과감히 버리기로 한다. 단체와 지역사회, 사회조직들이 긍정적인 사회적 변화를 이끄는 이런 사례는 우리 주변에서도 꽤 많이 찾아볼 수 있다.

알콜중독자 협회Alcoholics Anonymous는 관계를 확장해주고 술에 대한 의존도를 낮추도록 돕기 위한 긍정적인 집단압박을 가한다. 웨이트 와처스Weight Watchers는 체중 조절이 필요한 사람들을 한데 모아 돕는다. 이런 시도들은 꽤 성공적인데, 이는 대체로 참여자들이 동료 사이에서 긍정적인 자극과 사회적 지원 및 다른 이들에 대한 책임감을 부여받기 때문이다.

한 조사에 따르면, 회사나 지역사회의 맥락에서 변화 노력을 지속할 확률이 1배 내지 3배 더 높은 것으로 나타난다. 예컨대 집중적인 체중 감량 프로그램에 혼자 등록할 경우 10개월 뒤 체중이 감량될 확률은 24%다. 동일한 프로그램에 등록하고 나서 세 명의 낯선 이들로 구성된 사회적 지원 단체와 함께 참여할 경우, 10개월 후 체중 감량에 성공할 확률은 50%로 높아진다. '이미 알고 있는 세 명의 친구 또는 동료와 함께' 다이어트 프로그램에 등록한 경우라면 어떨까? 놀랍게도 체중 감량 노력을 지속할 확률이 66%까지 높아진다.[+]

갤럽연구팀은 글로벌 리서치 일환의 하나로 '지난달에 자원봉사활동을 했는지'를 정기적으로 묻고 있다. 150개 나라에 걸친 이 조사에서 연구팀은 자신의 '직업에' 몰입한 사람들이 그들의 '지역사회'에 봉사할 확률이 20~30% 더 높다는 점을 알아냈다. 조사대상인 어떤 조직의 경우, 업무 몰입도가 높은 직원이 직장에 대한 몰입도가 낮은 이들보다 2.6배 더 많은 기부를 한 것으로 나타났다. 공동체적 행복은 다른 네 가지 행복 요소(직업, 인간관계, 돈, 건강)와 긴밀한 연관이 있으며, 그 요소들을 기반으로 삼기도 한다. 따라서 다른 영역들에서 행복도가 향상되면 충만한 공동체적 행복을 누릴 확률 역시 극적으로 높아진다.

공동체적 행복을 위한
포인트 ●●

공동체적 행복 수준이 높은 사람들은 거주지역이 안전하고 안정적이라고 느낀다. 그들은 지역사회에 대한 자부심이 강하고, 자신이 속한 사회가 바람직한 방향으로 발전해간다고 믿는다. 이는 봉사 의지를 더욱 고취시키고 사회에 지속적인 기여를 하고 싶도록 만드는 동기로 작용한다. 공동체적 행복을 충분히 누리며 사는 이들은 나름의 강점과 열정에 기초해 지역사회의 어떤 영역에 기여할 수 있는지 고민한다. 그리고 적절한 명분을 찾아 지역 단체와 관계를 맺고, 자신의 관심사를 다른 이들에게 알린다. 지역사회에 대한 그들의 기여도는 크지 않을 수 있지만, 시간이 흐를수록 더 많은 사람의 참여를 이끌어내고 공동체에 적지 않은 영향력을 미치게 된다. 이렇게 공동체적 행복 수준이 높은 사람들의 노력이 모여 최고의 지역사회가 만들어진다.

공동체적 행복을 높이기 위한
3가지 조언

1
개인적 미션과 관심사를 감안해 공동체에
어떤 기여를 할 수 있을지 생각해보라.

2
당신의 미션에 부합하는 적절한 봉사단체에
대한 정보를 얻기 위해 평소 당신의 열정과
관심사에 대해 주변 사람들에게 적극 알려라.

3
지역 단체가 주관하는 각종 행사에 참여하라.
작은 것이라도 지금 당장 시작하라.

P. 185

미국의 일부 도시 주민들은 치안과 공기오염 및 기타 환경오염 물질에 대해 심각한 우려를 제기한다. 이런 기본적 여건이 제대로 갖춰지지 않은 경우라면 수준 높은 행복을 누리며 산다고 보기 어렵다.

: 월드폴World Poll은 미국 내 15세 이상 성인 46만 3,933명을 대상으로 직접 인터뷰와 전화 인터뷰를 통해 2005년 6월부터 2009년 10월에 걸쳐 조사를 실시했다. 이 조사집단에 기초한 결과들은 오차 범위 0.1%포인트 내에서 95%의 정확도를 지닌다. 연간

1,000명의 샘플집단을 기초로 조사한 개별 국가들의 경우에는 오차 범위 3.1%포인트 내에서 95%의 정확도를 지닌다.

갤럽·헬스웨이스 행복 지수는 미국 내 18세 이상 성인 70만 명 이상을 대상으로 일반전화와 휴대전화로 인터뷰를 진행한 자료이며, 2008년 1월 2일부터 2009년 12월 30일까지 실시되었다. 이 조사집단에 기반한 결과들은 오차 범위 0.2%포인트 이내에서 95%의 정확도를 지닌다.

Gallup and John S. and James L. Knight Foundation. (n.d.) *Soul of the community overall report*. Retrieved September 24, 2009, from http://www.soulofthecommunity.org/node/64

Saad, L. (2009, May 25). *Water pollution Americans' top green concern*. Retrieved November 20, 2009, from Gallup Web site: http://www.gallup.com/poll/117079/Water-Pollution-Americans-Top-Green-Concern.aspx

P. 186

하지만 이상적인 지역사회를 설명하면서 사람들이 거론하는 것들 중에는 몇 가지 공통된 요소가 있다.

: Gallup and John S. and James L. Knight Foundation. (n.d.) *Soul of the community overall report*. Retrieved September 24, 2009, from http://www.soulofthecommunity.org

최고의 행복을 누리는 사람들이 거주하는 미국의 몇몇 도시 명단을 살펴보고 싶다면, 이 책의 부록 '행복 수준을 높이는 부가적 방법들' 중 미국의 행복 수준을 참고하라.

P. 187

그 결과 실험에 참가한 사람들은 헌혈을 하기 '전'과 '후'에 기분이 좋아졌다는 경험을 보고해왔다.

: 첨언하자면, 너덧 차례 헌혈을 했던 사람들은 헌혈을 하기 전에 긴장을 훨씬 덜 했고, 기분이 좋아지리라는 기대감이 훨씬 높았으며, 헌혈을 계속 하겠다는 의지가 더 강했다.

Piliavin, J.A. (2003). Doing well by doing good: Benefits for the benefactor. In C. L. M. Keyes & J. Haidt(Eds.), *Flourishing: Positive psychology and the life well-lived*(pp. 227~247). Washington, D. C.: American Psychological Association.

P. 188

미국 국립보건원의 조던 그레프먼 Jordan Grafman**에 따르면, 뇌의**

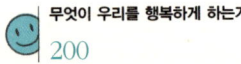

이런 반응은 미래를 향한 계획을 세우도록 도와주고, 다른 이들과 감정적으로 더 가깝게 느끼도록 하며, 행동에 대한 보상을 느끼도록 해준다.

: Stoddard, G.(2009, July/August). What we get from giving. *Men's Health, 24*(6), 108~115.

P. 189

몇 가지 연구에서 밝혀진 바에 따르면, 남을 배려하는 이타적 활동과 장수 사이에는 상관관계가 있으며, 연구팀은 그 부분적인 이유를 이런 활동이 스트레스와 부정적인 감정을 방지해주기 때문일 것으로 추측했다.

: 하버드 대학 정치학과 교수 로버트 D. 퍼트넘Robert David Putnam 은 이렇게 설명했다. "그룹 활동을 전혀 하지 않다가 어떤 한 그룹에서 활동하기로 결정할 경우, 당신은 다음 해 동안 사망위험을 '절반'이나 낮추게 된다." 지역 단체에 참여하는 것은 또한 나이가 들면서 발생하는 기억력 감퇴현상을 낮추는 역할을 한다. 1만 6,638명의 성인을 대상으로 6년 동안 진행된 장기간의 연구를 통해 밝혀진 바에 따르면, 사회활동이 극히 적은 사람들은 나이가 들수록 기억력이 급속히 낮아졌다. 하지만 활발하게 사회활동을 했던 사람들은 그렇지 않은 사람보다 기억력이 감퇴 속

도가 '절반 이하'였다.

Ertel, K. A., Glymour, M. M., & Berkman, L. F.(2008). Effects of social integration on preserving memory function in a nationally representative US elderly population. *American Journal of Public Health, 98*(7), 1215~1220.

Putnam, R. D.(2000). *Bowling alone*. New York: Simon & Schuster(한국에서는 《나 홀로 볼링》(페이퍼로드, 2009)으로 출간).

P. 190

장기 기증과 같은 중요한 결정에 있어서도 그 방식이 옵트인opt in**(상대방의 사전 동의를 얻는 방식)으로 설정되어 있는지 옵트아웃** opt out**(상대방이 거부 의사를 밝혀야만 해당되지 않는 방식)으로 설정되어 있는지에 따라 큰 영향을 받는다.**

: Johnson, E. J., & Goldstein, D.(2003, November 21). Do defaults save lives, *Science, 302*, 1338~1339.

P. 190

예컨대 중국에는 장기이식이 필요한 사람이 100만 명이 넘지만,

겨우 1%의 사람들만 장기이식수술을 받을 수 있다. 중국은 이식할 장기의 부족으로 인해 환자 5명 중 4명꼴로 장기이식을 기다리다 죽어간다.

: Juan, S.(2009, September 17). Four in five die in waiting for organ donation. *China Daily.* Retrieved November 20, 2009, from http://www.chinadaily.com.cn/china/2009-09/17/content_8702813.htm

P. 195

예컨대 집중적인 체중 감량 프로그램에 혼자 등록할 경우 10개월 뒤 체중이 감량될 확률은 24%다. 동일한 프로그램에 등록하고 나서 세 명의 낯선 이들로 구성된 사회적 지원 단체와 함께 참여할 경우, 10개월 후 체중 감량에 성공할 확률은 50%로 높아진다. '이미 알고 있는 세 명의 친구 또는 동료와 함께' 다이어트 프로그램에 등록한 경우라면 어떨까? 놀랍게도 체중 감량 노력을 지속할 확률이 66%까지 높아진다.

: Wing, R. R., & Jeffery, R. W.(1999). Benefits of recruiting participants with friends and increasing social support for weight loss and maintenance. *Journal of Consulting and Clinical Psychology, 67*(1), 132~138.

• 결론 •

결국 행복은 일상의 통제력에서 온다

미 대통령 존 F. 케네디의 동생 바비 케네디Bobby Kennedy는 1968년 사망 몇 달 전 이렇게 말했다. "사람들은 편협하고 얄팍한 잣대에 기초하여 인생과 조직공동체의 발전을 끊임없이 평가한다."[+]

"우리는 물질적인 것들만 축적하느라 공동체의 우수성과 가치를 포기한 듯하다. 우리의 국내총생산GDP은…, 굳이 그 것으로 미국을 판단해야 한다면, 공기오염과 담배 광고, 현관문을 굳게 지켜줄 특수 잠금장치와 그 문을 부수고 침입하는 사람들을 수용할 감옥도 계산에 넣는다. 숲의 파괴와 무분별한 도시개발로 인한 자연경관의 훼손도 포함된다. 네이팜탄과 핵탄두에 드는 비용, 거리의 폭도들과 대치하는 경찰을 위한 무장차량 역시 이 계산에 들어간다. 휘트먼의 소총과 스펙의 칼, 그리고 우리 아이들에게 장난감을 팔기 위해 폭력을 미화해서 보여주는 텔레비전 프로그램들도 계산 내역에 포함된다. 그러나 국내총생산은 우리 아이들의 건강, 교육의 질, 놀이의 즐거움을 위한 자리는 허용하지 않는다. 시의 미학이나 결혼의 가치도 포함하지 않는다. 대중의 지성이나 공무원의 진실성도 계산에 넣지 않는다. 위트나 용기도 측정하지 않으며, 지혜나 학습도 측정대상이 아니고, 열정이나 국가에 대한 헌신도 계산하지 않는다. 간단히 말해 GDP는 인생을 가치 있게 만드는 것들을 제외한 모든 것들을 계산한다."

케네디가 아주 멋지게 설명한 바와 같이, 우리네 삶은 경제적 성과 이상의 것으로 구성된다. 자신뿐만 아니라 주변 사람들을 위한 가치 있는 삶을 만들어내기 위해서는 우리가 즐길 수 있으며 사회에도 도움이 되는 어떤 것을 찾을 필요가 있다. 사랑하는 사람들과 함께할 시간을 마련해야 하고 가족의 니즈를 충족하기에 충분한 경제적 안정도 필요하다. 일상 활동을 무난히 수행할 에너지와 건강한 라이프스타일도 필수적이다.

우리는 또한 '매순간' 더 나은 선택을 해야 한다. 노벨상을 수상한 경제학자 토머스 셸링Thomas Schelling의 설명대로, 우리는 마치 두 명의 다른 사람처럼 행동한다. 한 명은 날씬한 몸매를 원하고 다른 한 명은 디저트를 먹고 싶어한다.[+] 하지만 단기간의 작은 변화만으로도 더 나은 하루하루를 영위할 수 있다. 30분간의 수면시간 추가나 사교활동에 한 시간을 더 할애하는 일은 훌륭한 하루와 그저 그런 평범한 하루 사이를 가르는 차이를 낳을 수 있다. 우리 일상을 조금만 변화시켜도 삶의 질에 큰 영향을 미칠 수 있다.[+]

그런데도 우리는 바람직한 변화를 추구하기보다 그저 자리에 앉아 소극적으로 당장의 문제를 처리하는 데 급급하다. 밖에 나가 운동을 하기보다 그냥 텔레비전을 보기도 하고, 몇 주나 몇 달 사이에 스트레스를 야기할 어떤 일에 그 시간을 쓰기도 한다. 또는 지역사회에 기여할 만한 무언가를 해보겠다고 마음먹었다가도 나중으로 미루거나 아예 실행에 옮기지 않기도 한다. 이런 날들이 계속되면 악순환에 빠진다.

건강에 해로운 음식을 먹고, 운동을 건너뛰며, 직장에서 스트레스를 받고, 충분한 사교활동을 하지 않으며, 돈 걱정에 시달린다면 당연히 부정적 결과가 뒤따른다. 그러면 활력이 떨어지고 안색이 나빠지며 대인관계가 악화되고 숙면을 취하지 못한다. 결국 숙면이 제공하는 재충전의 기회를 놓치고, 그 악순환이 지속되는 삶을 살게 된다. 이런 라이프스타일에서 벗어나 충분한 수면을 취한다면 올바른 시작점에 다시 설 수 있다. 상쾌한 기분으로 잠자리에서 일어날 수 있고 아침에 운동할 여력도 더 생긴다. 회사에서 강점을 활용할 기회가 많아진다면 목적의식이 높아지고 더 많은 일을 해낼 수 있게 된다. 친구나 가족과 함께하는 시간과 사교활동을 위한 6시간을 확보할 수 있다면 스트레스를 줄일 수 있고 훨씬 더 큰 행복감을 맛볼 수 있다.

행복한 인생을 위한 최상의 방법 중 하나는 긍정적 디폴트를 설정하는 것이다. 단기적 자아가 장기적 자아에 '부합하도록' 조정할 때마다 그런 기회가 생긴다. 가장 큰 즐거움을 주는 사람들과 더 많은 시간을 보내고, 되도록 자신의 강점에 몰두하기로 의도적으로 선택할 수 있다. 재정계획을 세워 부채로 인한 걱정을 최소화할 수도 있고, 운동을 당연한 일상으로 편입시킬 수도 있다. 슈퍼마켓에서 건강에 유익한 식품을 선택함으로써 며칠 후 해로운 음식을 먹고 싶어질 때 유혹을 이겨낼 수도 있다. 그리고 나름의 의무적 원칙을 정해 지역사회나 종교단체, 자원봉사단체에 헌신할 수도 있다. 하루하루 의식적으로 이런 선택을 해나간다면 더 나은 우정과 가정, 일터, 지역사회를 만들 수 있다. 이 모든 선택과 집중이 여러분의 행복을 한 차원 더 높여줄 것이다.

P. 204

미 대통령 존 F. 케네디의 동생 바비 케네디Bobby Kennedy는 1968년 사망 몇 달 전 이렇게 말했다. "사람들은 편협하고 얄팍한 잣대에 기초하여 인생과 조직공동체의 발전을 끊임없이 평가한다."

: John F. Kennedy Presidential Library & Museum.(n.d.). *Quotations of Robert F. Kennedy.* Retrieved September 1, 2009, from http://www.jfklibrary.org/Historical+Resources/Archives/ Reference+Desk/Quotations+of+Robert+F.+Kennedy.htm

P. 206

노벨상을 수상한 경제학자 토머스 셸링 Thomas Schelling**의 설명대로, 우리는 마치 두 명의 다른 사람처럼 행동한다. 한 명은 날씬한 몸매를 원하고 다른 한 명은 디저트를 먹고 싶어한다.**

: Schelling, T. C.(1978). Egonomics, or the art of selfmanagement. *The American Economic Review, 68*(2), 290~294.

P. 206

30분간의 수면시간 추가나 사교활동에 한 시간을 더 할애하는 일은 훌륭한 하루와 그저 그런 평범한 하루 사이를 가르는 차이를 낳을 수 있다. 우리 일상을 조금만 변화시켜도 삶의 질에 큰 영향을 미칠 수 있다.

: 놀랍게도 수면시간의 작은 차이가 다음 날 하루를 유쾌하게 만들어줄 수도 있고 그저 그런 하루를 보내도록 할 수도 있다. 좋은 하루를 보낸 사람들은 전날 밤 평균 7.1시간 수면을 취했다. 나쁜 하루를 보낸 사람들의 경우 전날 평균 6.6시간의 수면을 취했다. 겨우 30분 차이지만 좋은 하루와 나쁜 하루를 좌우했던 셈이다. 사교활동에 보내는 시간 또한 좋은 하루와 나쁜 하루를 좌우하는 강력한 변수다. 좋은 하루를 보냈던 사람들은 나쁜 하루를 보낸 사람들보다 평균적으로 1.4시간을 사교활동에 더 할애했다.

행복 수준을 높이는 부가적 방법들

일상 속 행복 찾기
시간을 보내는 방법

행복의 다섯 가지 필수 요소가 우리 삶 전체의 행복도를 좌우하긴 하지만, 일상에서 느끼는 행복도 역시 중요한 요소라고 할 수 있다. 순간순간의 일상 경험들이 축적되어 하나의 인생을 형성한다. 그리고 실질적 행동의 변화는 사실 일상적 경험 속에서 시작된다. 특정 경험이 우리의 행복에 어떤 영향을 주는지 파악하기 위해 심리학자와 경제학자들은 지난 10년에 걸쳐 많은 연구를 진행했다.

갤럽의 선임연구원 세 명으로 구성된 팀은(노벨상을 수상한 심리학자, 현재 미재무부 수석 경제학자, 실시간 데이터 분석 영역의 선구자) 최근 시간활용 방식을 평가하기 위한 내셔널 타임 어카운팅National Time Accounting이라는 명칭의 접근법을 제안했다. 이 도구는 우리의 일상적 경험을 들여다볼 수 있는 독특한 렌즈를 제공해준다. 또한 우리가 가장 즐기는 특정 활동과 시간을 함께 보내기를 가장 좋아하는, 그리고 가장 꺼리는 집단을 알려준다.

갤럽의 이 연구팀은 인터뷰 대상자들에게 45가지 활동들에 ―스포츠 경기와 같은 빈도수가 낮은 활동에서부터 텔레비전

:: 하루 일과를 어떻게 보내는가?

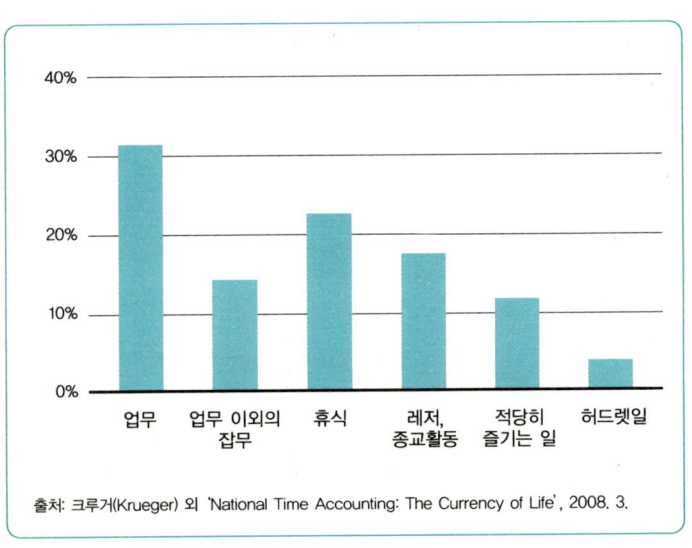

출처: 크루거(Krueger) 외 'National Time Accounting: The Currency of Life', 2008. 3.

시청과 회사업무 등 좀 더 빈번한 활동에 이르는— 얼마나 많은 시간을 할애했는지 물었다. 45개 활동들 중 다수가 하루 전체의 1% 이하로 나타났기 때문에, 연구팀은 그것들을 여섯 가지 일반적 카테고리로 분류했다.

우리가
가장 즐기는 활동 ●●

연구팀은 사람들이 특정 활동을 얼마나 즐기는지 측정하기 위해 각각의 활동에 참여하는 동안 느낀 행복, 피곤, 스트레스, 슬픔, 흥미, 고통에 대해 각 개인이 스스로 진술한 내용을 계산하는 공식을 만들었다. 이를 통해 사람들이 각 영역에 할애하는 시간이 일상의 행복에 어떤 영향을 미치는지 비교해볼 수 있었다. 다음 그림에서 알 수 있듯이, 사람들은 레저와 정신활동에 참여할 때 가장 높은 수준의 행복과 흥미를 느끼는 것으로 보고하고 있다.

여섯 가지 일반적인 카테고리로 분석한 자료에 비해 애초의 45개 특정 카테고리로 분석한 자료는 일상 속에서 어떻게 시간을 보내는지에 대해 훨씬 상세한 정보를 알려준다. 다음 표에서 볼 수 있듯이, 각각의 활동으로부터 우리가 얻는 즐거움의 정도는 상당히 광범위하다.

예를 들어 음악 감상은 가장 즐기는 활동 가운데 하나다. 사람들이 음악을 들을 때 더욱 행복하다고 보고했으며, 실제로 스트레스 수치도 극히 낮다. 자녀와 놀아주기(이것은 가장 즐기는 활동에 속해 있다)도 음악 감상 이상으로 행복감을 높여준다. 하지만 아이와 놀아주는 일은 음악 감상에 비해 스트레스 수치가 약간 높게 나타난다.

1960년대와 1970년대, 1980년대, 1990년대 및 지난 10년 사

:: **즐거움을 느끼는 정도**

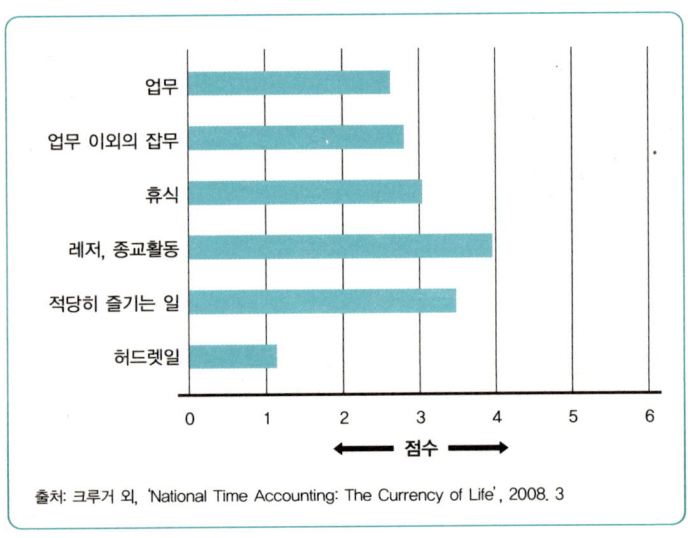

출처: 크루거 외, 'National Time Accounting: The Currency of Life', 2008. 3

선호활동 상위 10개	
활동	**지표**
음악감상	4.81
아이와 놀아주기	4.81
체육활동 참여	4.74
사냥, 낚시, 보트타기, 하이킹	4.73
파티 및 연회	4.72
개인적 서비스 구매	4.43
야외 레저활동	4.39
카페 및 바에서 즐기기	4.39
운동	4.26
종교활동	4.24

꺼리는 활동 상위 10개	
활동	**지표**
의료 및 건강관리	0.21
금융 및 공무	0.32
과제	0.80
의료서비스 구매	2.08
가정 및 차량 관리	2.22
가사일(설거지, 식탁 정리)	2.28
유급노동(가정)	2.35
학교/교육	2.42
빨래/다림질/의류수선	2.46
주요 유급노동(직장)	2.55

출처: 크루거 외, 'National Time Accounting: The Currency of Life', 2008. 3.

이의 트렌드와 연관된 여러 활동들의 종합적 항목을 검토해 보면, 남성과 여성 모두 텔레비전 시청에 할애하는 시간이 크게 증가했음을 알 수 있다. 1960년대의 여성들은 하루 중 텔레비전 시청에 약 8%의 시간을 들였다. 오늘날에는 여성들의 텔레비전이나 비디오 시청 시간이 약 15%에 이른다. 남성들의 경우 1960년대에는 하루 중 약 11%의 시간을 텔레비전 시청에 할애했으나, 오늘날 그 수치는 17% 이상까지 증가했다.

즐거움이라는 차원에서 볼 때 텔레비전 시청에 들인 시간이 중간 정도의 수치에 속한다는 점(중간 값은 2.94)은 어떤 의미도 지니지 않는다. 사람들은 텔레비전을 시청하며 보낸 시간이 자녀들과 놀이를 하는 데 소요되는 시간이나 친구와 함께 보내는 시간만큼 결코 즐겁지 않다고 말한다. 특히 미국의 경우 텔레비전 시청에 들이는 상당량의 시간이 직접적으로 많은 피해를 야기하지는 않을지 모르지만, 긍정적이고 사회적인 목표들에 더 많은 시간을 할애한다면 더 많은 행복과 흥미를 누릴 가능성이 높을 것이다.

갤럽의 글로벌 리서치에 따르면 텔레비전이 긍정적일 수도 있다. 우리 연구 결과, 가정에 텔레비전이 있는 경우가 집에 텔레비전이 없는 사람들보다 평균적으로 더 높은 행복을 누리는 것으로 나타났다. 가정에 텔레비전이 있는 사람들은 행복 지수가 약 10% 더 높고 미래에 대해 좀 더 낙관적이다.

부와 전기 및 수도 사용과 같은 것들 이외에, 텔레비전 보유의 이점들도 행복을 증진시킨다. 소득이 동일한 사람들을 비교해보면, 전 세계 텔레비전 보유자들은 여전히 높은 행복 수준과 낙관주의를 누린다. 이런 결과들은 텔레비전 보유가 실질적인 이점을 가지고 있을 수 있다는 점을 시사한다. 예를 들어 개발도상국에서 텔레비전은 기본적 정보에 대한 접근권과 학습, 그리고 전 세계 다른 곳에서 발생하는 글로벌 정보를 얻는 창구로 작용할 가능성이 크다.

함께 시간을 보내고 싶은 사람이 누구인가 ••

일상적 행복에 대한 우리의 오랜 연구 결과, 행복한 날들 대비 나쁜 날들에 대한 가장 좋은 예측 변수들 중 하나가 친구와 가족들과 함께 보내는 시간의 양이라는 점도 알아냈다. 앞서 언급한 연구팀은 특정 사람과 함께 있을 때 불쾌해지는 시간의 비중을 측정하기 위해 '불쾌 지수 Unpleasant indexU-index'를 창안해냈다. 이 지수는 긍정적인 감정(행복, 즐거움, 다정함)보다 부정적인 감정(우울, 분노, 좌절감)을 더 많이 느끼는 시간의 비중이다.

다음에 제시된 그래프에서 알 수 있듯이, 상사와 보내는 시간은 친구들과 보내는 시간보다 최대 4배 더 불쾌하다. 이런 현상은 남성에게서 훨씬 뚜렷하게 나타나는데, 남성들은 팀장이나 관리자들과 시간을 보낼 때 이례적으로 높은 수준의 스트레스와 낮은 수준의 행복감을 느낀다고 응답한다.

비록 상사와 보낸 시간이 하루 중 최악의 시간이라는 결과가 나오긴 했지만, 꼭 그렇다는 보장은 없다. 우리 연구들이

:: 어울리고 싶지 않은 사람들

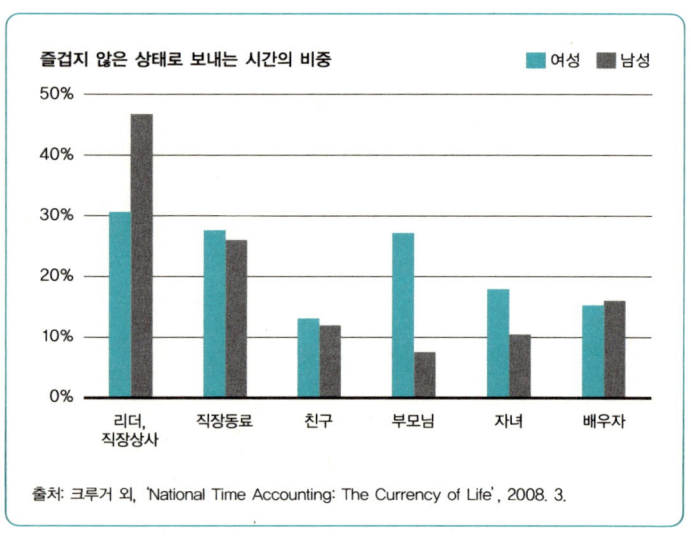

즐겁지 않은 상태로 보내는 시간의 비중 ■ 여성 ■ 남성

출처: 크루거 외, 'National Time Accounting: The Currency of Life', 2008. 3.

보여주는 바에 따르면, 이런 패턴을 바꿔 부하직원의 삶과 몰입도를 높임으로써 조직의 성과를 향상시키는 수천 명의 관리자들이 있다는 점을 알 수 있다.

직업적 행복이 생리적 부분에 미치는 영향을 고려해보면, 이 조사 결과들은 직원들의 행복에 미치는 영향력에 관해 좀 더 의식적으로 생각하는 관리자와 리더, 조직에 대한 필요성을 강조한다. 그리고 우리가 직장에서 얼마나 많은 시간을 보내는지 감안해보면, 다른 어떤 영역들보다 이 영역에서 행복 수준을 높일 만한 기회가 더 많다는 점을 알 수 있다.

조직에서의 행복 증대
관리자와 리더의 역할

조직의 리더나 관리자의 행동은 다른 사람의 행복에 직접적인 영향을 주게 된다. 리더들이 직원의 행복 수준을 향상시킬 수 있는 기회를 활용한다면 업무 몰입도가 높은 기업과 그에 따른 더 큰 수익을 창출할 수 있다. 또한 그들은 직원들의 가족관계도 개선시킬 수 있다. 하지만 리더들이 직원의 행복을 염두에 두지 않는다면 — '그들이 상관할 바가 아닌' 것으로 인식할 경우— 조직원의 충성도가 낮아지고 조직의 성장 가능성도 저해된다.

지난 10년에 걸쳐 갤럽은 관리자들이 몰입도가 높은 환경을 조성하고 직원들의 행복을 증진시키도록 돕기 위해 수백 개의 조직들과 협력해왔다. 우리가 1,500만 명 이상의 직장인들에게 던진 질문들 중 하나는 관리자나 직장동료들이 그들을 인격적으로 대우하고 있다고 생각하는지 여부였다. 이 질문의 함의는 팀장이나 관리자가 그를 단지 일개 피고용인이나 목적을 위한 수단이 아닌 완전한 하나의 인격체로 대하고 있느냐는 것이다. 그 답변은 해당 직원이 자신의 관리자가 진정으로 직원의 행복을 신경 쓰고 있다고 느끼는가의 여부를 알 수 있는 척도가 된다.

이 조사에서 알아낸 사실은 세계 최고의 관리자들은 직원 한 명 한 명의 성장을 목적을 위한 수단이 아니라 그 자체로 목적으로 여긴다는 점이다. 그들은 각 직원들의 행복과 그 가족 전체의 행복 수준이 대체로 리더들의 능력에 좌우된다는 점을 깨닫고 있었다. 리츠 칼튼의 대표 사이먼 쿠퍼Simon Cooper는 "전 세계 3만 8,000명의 직원들뿐 아니라 그 가족들까지 배려하는 것이 바로 우리 조직의 더 큰 목적"이라고 말했다.

이처럼 진취적인 사고방식은 우리가 인터뷰했던 세계 최고의 리더들 사이에서 흔히 볼 수 있으며, 그들은 종종 부하직원들과 그들을 둘러싼 관계에 미치는 더 광범위한 영향력까지도 염두에 둔다. 스탠다드 차타드 은행Standard Chartered Bank의 전

회장 머빈 데이비스Mervyn Davies는 어떻게 그가 70개 나라에 분포되어 있는 7만 명이 넘는 직원들에게 회사가 그들의 개인적 삶에 관심을 가지고 있다는 점을 인식시켰는지 말해주었다. 데이비스 회장은 아내가 유방암 투병 중이라는 개인적 문제를 직원들에게 공개했고, 회사가 직원의 감정적, 육체적 건강에도 관심을 쏟고 있다는 점을 알렸다. 임기 동안 데이비스 회장은 직원들의 전반적인 행복 수준을 높여줄 목적의 몇 가지 프로그램들을 새롭게 만들었고, 가족을 가장 우선시해야 한다는 메시지를 항상 직접 전달하곤 했다. 조직에 심장이 없다면 직원들이 그 조직을 진심으로 사랑할 방법이 없음을 데이비스 회장은 알고 있었다.

관리자와 리더들이 직원의 행복에 투자할 경우, 직원들은 조직의 성장에 기여할 가능성이 높아진다. 우리가 직원들에게 상사가 그들을 인간적으로 대하는지 물었을 때, 그렇다고 응답한 사람들은,

- 최고의 성과를 낼 가능성이 더 높고
- 양질의 업무를 수행하고
- 병가를 낼 확률이 적고
- 이직할 확률이 적으며

- 업무수행 중 부상당할 가능성이 낮았다.

덕분에 회사는 효율적으로 운영되고 더욱 높은 성과를 냈다. 150개 이상의 기업들에서 진행된 대규모 연구조사에서 알아낸 사실은, 직원에게 최고인 것이 회사를 위해 최고인 것과 다르지 않다는 점이다.

분명 일부 리더들은 직원들의 행복이 자신이 신경 쓸 바가 아닌 것인 양 계속해서 그것을 무시할 것이다. 하지만 그럴 경우 리더들은 위험에 빠지고 만다. 우리가 수행한 리서치가 제시하는 바에 따르면, 낮은 몰입도와 낮은 행복 수준의 직원들은 그 조직의 성과를 깎아먹게 될 공산이 크다. 진취적인 리더들은 자신의 임무가 직원들의 행복 지수를 높이는 것임을 잘 알고 있을 뿐만 아니라, 직원을 고용하고 유지하기 위한 경쟁 우위로 이런 지식을 활용한다. 그들은 자신의 조직에서 일하는 것이 더 좋은 인간관계와 더 높은 경제적 안정감, 육체적 건강, 그리고 지역사회에 대한 더 많은 참여로 귀결된다는 점을 잠재적 직원들에게 보여줄 수 있다면 최고의 인재를 유치할 수 있다는 사실을 잘 알고 있다.

리더들이 직원의 행복에 관심을 갖고 있다고 말로만 알리는 것으로는 부족하다. 실질적 결과를 얻고자 한다면 행동을

조직에서의 행복 증대 : 관리자와 리더의 역할

225

취해야 한다. 또한 계속 관심을 갖고 평가하며 후속조치를 취해 직원들이 행복을 관리할 수 있도록 도와야 한다.

글로벌 행복

글로벌 및 대륙별 행복 수준 ●●

　　　　　마지막으로 전 세계 행복 수준을 나타낸 표를 끝으로 책을 마무리하려 한다. 갤럽연구팀은 국가별, 대륙별로 나누어 사람들이 느끼는 행복 수준을 조사했다. 이 역시 '만족', '보통', '불만족'으로 구분하여 전 세계인들의 생활을 평가했다. 아래 표는 칸트릴의 척도에 응답한 것을 기준으로 산출되었다. 미국에서의 조사와 마찬가지로 아래 표들도 일상적 경험 10개 항목(잘 쉼, 인격적으로 대우받음, 미소 짓거나 크게 웃음, 학습/관심, 즐거움, 육체적 고통, 걱정, 슬픔, 스트레스, 분노)에 대한 응답을 토대로 0에서 10점까지 점수를 매겨 산출되었는데, 전 세계인들의 일상적 행복 수준을 잘 보여주는 자료라고 자부한다. 응답자들이 보낸 각각의 일상적 경험은 점수가 매겨진다. 점수가 높을수록 행복하다는(더 긍정적이고 덜 부정적인 일상의 경험 또는 감정) 의미다.

갤럽이 계속 진행 중인 글로벌 행복에 관한 연구는 150개 이상의 국가, 전 세계 성인인구의 90% 이상을 대표하는 사람들을 대상으로 한다. 각 국가를 대표할 수 있는 표본을 무작위로 추출해 조사한다. 갤럽은 대개 각 국가별로 1,000명의 개인을 조사하는데, 이때 각 국가의 주요 언어로 번역된 표준화된 핵심 질문을 활용한다. 일부 지역에서는 핵심 질문 말고도 보조 질문이 함께 주어진다. 대면 인터뷰는 대략 1시간 정도, 전화 인터뷰는 대략 30분이 소요된다. 이 조사는 1년에 한 차례씩 실시되고, 현장연구는 대개 2주에서 4주 정도 걸린다. 미국의 데이터는 35만 명을 대상으로 한 갤럽·헬스웨이스 행복지수(2009년 1월 2일부터 12월 30일까지 실시) 조사를 통해 수집되었다.

글로벌 연구조사의 관리와 설계, 통제에 대한 전적인 책임은 갤럽연구팀에 있다. 갤럽은 지난 70년 동안 정확한 정보를 수집하고 전 세계 사람들의 의견과 희망을 널리 알리는 일이 세계를 이해하는 데 매우 중요하다는 인식 아래, 이 원칙을 실천하고자 끊임없이 노력해왔다. 갤럽의 임무는 객관적이고 신뢰할 만하며 과학에 근거를 둔 방식으로 정보를 제공하는 것이다.

최대 오차 범위는 95% 신뢰구간에서 각 국가 차원의 데이터 집합의 비율로 계산된다. 오차 범위에는 또한 총 국가 표본을 설계하는 데 미치는 대략적인 영향이 반영된다. 부분 집합이 아닌 총 국가 데이터 집합을 토대로 보고된 비율에 대해 오차 범위는 ±3.7% 포인트다. 이는 만약 조사를 완전히 동일한 절차로 100번 실시했을 경우 50% 근처의 '참값'은 100번 중 95번의 경우 46.3%에서 53.7% 사이에 있음을 의미한다.

조사의 타당성에 영향을 미칠 수 있는 다른 요인에는 번역 문제와 같은 질문지와 관련된 측정 오차가 있다. 조사대상 국가의 권위주의적 정부 때문에 응답자들이 조사에 솔직히 응하지 않아 점수가 부풀려졌을 가능성도 있다.

국가별 행복 수준

⚡ 만족하는 수준　**〰 보통 수준**　**❗ 힘겨운 수준**　　　　　(단위: %)

순위	국가 명	⚡	〰	❗	일상경험
1	덴마크	82	17	1	7.9
2	핀란드	75	23	2	7.8
3	아일랜드	72	28	0	8.1
4	노르웨이	69	31	0	7.9
5	스웨덴	68	30	2	7.9
6	네덜란드	68	32	1	7.7
7	캐나다	68	31	1	7.8
8	뉴질랜드	63	35	2	7.6
9	스위스	62	36	2	7.6
10	오스트레일리아	62	35	3	7.5
11	스페인	60	37	3	7.3
12	이스라엘	60	36	4	6.4
13	오스트리아	57	40	3	7.7
14	영국	56	41	3	7.4
15	벨기에	56	41	3	7.3
16	멕시코	52	44	4	7.8
17	파나마	51	46	2	8.2
18	UAE	51	46	3	7.2
19	미국	50	47	4	7.6
20	프랑스	49	49	2	7.0
21	사우디아라비아	48	51	1	6.8
22	푸에르토리코	47	45	8	7.6
23	자메이카	46	49	5	7.7
24	싱가포르	46	49	5	7.0
25	쿠웨이트	45	54	1	7.5
26	트리니다드 토바고	44	51	5	7.9
27	콜롬비아	44	48	7	7.4

출처: 갤럽 월드폴 2005~2009.

국가별 행복 수준

● 만족하는 수준   ● 보통 수준   ● 힘겨운 수준   (단위: %)

순위	국가 명	●	●	●	일상경험
28	그리스	44	49	7	7.1
29	벨리즈	44	50	6	6.8
30	이탈리아	42	52	6	6.7
31	베네수엘라	42	52	6	8.0
32	코스타리카	40	54	6	7.9
33	사이프러스	40	53	7	7.0
34	체코 공화국	39	51	9	6.6
35	카자흐스탄	39	57	4	6.9
36	브라질	37	57	6	7.4
37	독일	36	56	7	7.3
38	아르헨티나	33	58	8	7.2
39	과테말라	33	59	8	7.8
40	칠레	32	56	12	7.0
41	가나	31	64	5	7.0
42	러시아	31	56	13	7.1
43	우루과이	31	58	11	7.3
44	리투아니아	29	55	16	6.1
45	코소보	29	65	6	6.2
46	폴란드	28	61	10	7.1
47	슬로바키아	28	58	13	7.0
48	도미니카공화국	28	53	19	6.8
49	파키스탄	27	50	23	6.2
50	온두라스	26	59	14	7.7
51	벨라루스	26	63	11	7.0
52	말레이시아	25	69	6	7.7
53	일본	25	65	11	7.4
54	보츠와나	24	65	11	7.3

출처: 갤럽 월드폴 2005~2009.

국가별 행복 수준

☑ 만족하는 수준 **Ⓜ 보통 수준** **❗ 힘겨운 수준**   (단위: %)

순위	국가 명	☑	Ⓜ	❗	일상경험
55	대한민국	24	61	15	6.5
56	쿠바	24	66	11	6.7
57	페루	23	56	20	6.9
58	레바논	23	60	17	5.8
59	에콰도르	22	62	15	7.6
60	태국	22	72	6	7.8
61	알제리	22	71	7	6.2
62	포르투갈	22	61	17	7.1
63	대만	22	64	14	7.5
64	니카라과	21	56	23	7.4
65	루마니아	21	56	23	6.6
66	남아프리카	21	71	8	7.3
67	볼리비아	21	69	10	6.9
68	슬로바키아	21	60	19	6.5
69	아제르바이잔	21	65	14	6.4
70	에스토니아	20	64	16	7.0
71	우즈베키스탄	20	74	5	7.6
72	우크라이나	20	58	22	6.7
73	이란	19	66	14	6.3
74	타지키스탄	19	74	7	6.6
75	인도	19	74	7	6.5
76	인도네시아	18	72	10	8.2
77	터키	18	62	20	6.1
78	라트비아	18	62	20	7.0
79	베트남	17	77	5	7.2
80	튀니지	17	77	6	6.8
81	엘살바도르	16	56	28	7.8

출처: 갤럽 월드폴 2005~2009.

국가별 행복 수준

⊘ 만족하는 수준 ⊗ 보통 수준 ❗ 힘겨운 수준   (단위: %)

순위	국가 명	⊘	⊗	❗	일상경험
82	가나	16	79	5	7.6
83	이집트	16	71	14	6.4
84	방글라데시	16	71	13	6.9
85	홍콩	15	71	14	6.8
86	나이지리아	14	83	3	7.2
87	카메룬	14	77	9	7.0
88	말라위	14	79	7	7.5
89	잠비아	14	78	8	7.6
90	헝가리	13	53	34	6.9
91	중국	13	77	10	7.8
92	필리핀	13	70	18	6.7
93	중앙아프리카 공화국	12	75	13	6.4
94	아르메니아	12	74	14	6.2
95	수단	12	78	10	7.1
96	키르기스스탄	12	75	14	7.3
97	나미비아	11	79	10	8.1
98	팔레스타인	11	68	21	5.5
99	앙골라	11	81	8	6.8
100	모로코	11	82	8	7.7
101	모잠비크	10	78	11	7.2
102	스리랑카	10	76	15	7.1
103	조지아	10	56	35	6.2
104	케냐	9	78	13	7.5
105	르완다	8	77	15	6.9
106	기니	8	89	3	7.1
107	몽코	7	81	12	7.0
108	세네갈	7	87	6	7.2

출처: 갤럽 월드폴 2005~2009.

국가별 행복 수준

➚ 만족하는 수준 〰 보통 수준 ❗ 힘겨운 수준 (단위: %)

순위	국가 명	만족하는 수준	보통 수준	힘겨운 수준	일상경험
109	네팔	7	82	11	7.4
110	마다가스카르	7	84	10	7.0
111	우간다	6	71	23	6.8
112	탄자니아	6	70	24	7.5
113	불가리아	6	58	36	6.5
114	에티오피아	5	65	29	7.0
115	차드	5	88	7	7.1
116	라이베리아	5	90	5	6.7
117	아프가니스탄	5	68	27	6.1
118	콩고	5	83	12	6.8
119	모리타니	5	82	13	7.3
120	아이티	4	60	35	6.2
121	캄보디아	4	79	17	6.5
122	베냉	4	80	16	6.7
123	니제르	4	82	14	7.5
124	이라크	3	74	23	5.9
125	짐바브웨	3	56	40	6.7
126	부르키나파소	3	71	26	6.5
127	말리	3	70	28	8.0
128	시에라리온	3	74	23	6.3
129	부룬디	2	63	35	6.3
130	토고	1	67	31	5.0

출처: 갤럽 월드폴 2005~2009.

대륙별 행복 수준 – 아프리카

😊 만족하는 수준 〰️ 보통 수준 ❗ 힘겨운 수준   (단위: %)

순위	국가 명	😊	〰️	❗	일상경험
1	보츠와나	24	65	11	7.3
2	알제리	22	71	7	6.2
3	남아프리카	21	71	8	7.3
4	튀니지	17	77	6	6.8
5	가나	16	79	5	7.6
6	이집트	16	71	14	6.4
7	나이지리아	14	83	3	7.2
8	카메룬	14	77	9	7.0
9	말라위	14	79	7	7.5
10	잠비아	14	78	8	7.6
11	중앙아프리카 공화국	12	75	13	6.4
12	수단	12	78	10	7.1
13	나미비아	11	79	10	8.1
14	앙골라	11	81	8	6.8
15	모로코	11	82	8	7.7
16	모잠비크	10	78	11	7.2
17	케냐	9	78	13	7.5
18	르완다	8	77	15	6.9
19	기니	8	89	3	7.1
20	세네갈	7	87	6	7.2
21	마다가스카	7	84	10	7.0
22	우간다	6	71	23	6.8
23	탄자니아	6	70	24	7.5
24	에티오피아	5	65	29	7.0
25	차드	5	88	7	7.1
26	라이베리아	5	90	5	6.7
27	콩고	5	83	12	6.8

출처: 갤럽 월드폴 2005~2009.

대륙별 행복 수준 – 아프리카

🧭 만족하는 수준 〰️ 보통 수준 ❗ 힘겨운 수준 　　　　(단위: %)

순위	국가 명	🧭	〰️	❗	일상경험
28	모리타니	5	82	13	7.3
29	베냉	4	80	16	6.7
30	나이지리아	4	82	14	7.5
31	짐바브웨	3	56	40	6.7
32	부르키나파소	3	71	26	6.5
33	말리	3	70	28	8.0
34	시에라리온	3	74	23	6.3
35	부룬디	2	63	35	6.3
36	토고	1	67	31	5.0

출처: 갤럽 월드폴 2005~2009.

대륙별 행복 수준 – 아시아

🖊 만족하는 수준   〰 보통 수준   ❗ 힘겨운 수준   (단위: %)

순위	국가 명	🖊	〰	❗	일상경험
1	뉴질랜드	63	35	2	7.6
2	오스트레일리아	62	35	3	7.5
3	이스라엘	60	36	4	6.4
4	UAE	51	46	3	7.2
5	사우디아라비아	48	51	1	6.8
6	싱가포르	46	49	5	7.0
7	쿠웨이트	45	54	1	7.5
8	키프로스	40	53	7	7.0
9	카자흐스탄	39	57	4	6.9
10	파키스탄	27	50	23	6.2
11	말레이시아	25	69	6	7.7
12	일본	25	65	11	7.4
13	대한민국	24	61	15	6.5
14	레바논	23	60	17	5.8
15	태국	22	72	6	7.8
16	대만	22	64	14	7.5
17	아제르바이잔	21	65	14	6.4
18	우즈베키스탄	20	74	5	7.6
19	이란	19	66	14	6.3
20	타지키스탄	19	74	7	6.6
21	인도	19	74	7	6.5
22	인도네시아	18	72	10	8.2
23	터키	18	62	20	6.1
24	베트남	17	77	5	7.2
25	방글라데시	16	71	13	6.9
26	홍콩	15	71	14	6.8
27	중국	13	77	10	7.8

출처: 갤럽 월드폴 2005~2009.

대륙별 행복 수준 – 아시아

⚡ 만족하는 수준　〰 보통 수준　❗ 힘겨운 수준　　　　(단위: %)

순위	국가 명	⚡	〰	❗	일상경험
28	필리핀	13	70	18	6.7
29	아르메니아	12	74	14	6.2
30	키르기스스탄	12	75	14	7.3
31	팔레스타인	11	68	21	5.5
32	스리랑카	10	76	15	7.1
33	조지아	10	56	35	6.2
34	몽고	7	81	12	7.0
35	네팔	7	82	11	7.4
36	아프가니스탄	5	68	27	6.1
37	캄보디아	4	79	17	6.5
38	이라크	3	74	23	5.9

출처: 갤럽 월드폴 2005~2009.

대륙별 행복 수준 – 아메리카

⚡ 만족하는 수준   〰 보통 수준   ❗ 힘겨운 수준   (단위: %)

순위	국가 명	⚡	〰	❗	일상경험
1	캐나다	68	31	1	7.8
2	멕시코	52	44	4	7.8
3	파나마	51	46	2	8.2
4	미국	50	47	4	7.6
5	푸에르토리코	47	45	8	7.6
6	자메이카	46	49	5	7.7
7	트리니다드 토바고	44	51	5	7.9
8	콜롬비아	44	48	7	7.4
9	벨리즈	44	50	6	6.8
10	베네수엘라	42	52	6	8.0
11	코스타리카	40	54	6	7.9
12	브라질	37	57	6	7.4
13	아르헨티나	33	58	8	7.2
14	과테말라	33	59	8	7.8
15	칠레	32	56	12	7.0
16	가이아나	31	64	5	7.0
17	우루과이	31	58	11	7.3
18	도미니카공화국	28	53	19	6.8
19	온두라스	26	59	14	7.7
20	쿠바	24	66	11	6.7
21	페루	23	56	20	6.9
22	에콰도르	22	62	15	7.6
23	니카라과	21	56	23	7.4
24	볼리비아	21	69	10	6.9
25	엘살바도르	16	56	28	7.8
26	아이티	4	60	35	6.2

출처: 갤럽 월드폴 2005~2009.

대륙별 행복 수준 – 유럽

🧭 만족하는 수준 ⚡ 보통 수준 ❗ 힘겨운 수준　　　　　(단위: %)

순위	국가 명	🧭	⚡	❗	일상경험
1	덴마크	82	17	1	7.9
2	핀란드	75	23	2	7.8
3	아일랜드	72	28	0	8.1
4	노르웨이	69	31	0	7.9
5	스웨덴	68	30	2	7.9
6	네덜란드	68	32	1	7.7
7	스위스	62	36	2	7.6
8	스페인	60	37	3	7.3
9	오스트리아	57	40	3	7.7
10	영국	56	41	3	7.4
11	벨기에	56	41	3	7.3
12	프랑스	49	49	2	7.0
13	그리스	44	49	7	7.1
14	이탈리아	42	52	6	6.7
15	체코공화국	39	51	9	6.6
16	독일	36	56	7	7.3
17	러시아	31	56	13	7.1
18	리투아니아	29	55	16	6.1
19	코소보	29	65	6	6.2
20	폴란드	28	61	10	7.1
21	슬로베니아	28	58	13	7.0
22	벨라루스	26	63	11	7.0
23	포루투갈	22	61	17	7.1
24	루마니아	21	56	23	6.6
25	슬로바키아	21	60	19	6.5
26	에스토니아	20	64	16	7.0
27	우크라이나	20	58	22	6.7
28	라티비아	18	62	20	7.0
29	헝가리	13	53	34	6.9
30	불가리아	6	58	36	6.5

출처: 갤럽 월드폴 2005~2009.

미국의 행복

미국 50개 주와 인구 100만 명 이상 대도시 시민들의 행복 수준 ••

우리는 미국인들의 행복 수준을 알아보기 위해 50개 주와 인구 100만 명 이상의 대도시에 거주하는 사람들을 상대로 조사를 실시했다. 그 결과를 '만족', '보통', '불만족'으로 구분해 미국인들의 삶을 평가해보았다. 아래 표는 칸트릴Cantril의 척도self-anchoring striving scale에 따라 사람들이 자신의 삶을 어떻게 평가하는지를 근거로 산출되었다. 아래에 표들은 일상적 경험 10개 항목에 대한 응답(잘 쉼, 인격적으로 대우받음, 미소 짓거나 크게 웃음, 학습/관심, 즐거움, 육체적 고통, 걱정, 슬픔, 스트레스, 분노)을 토대로 0에서 10점까지 점수를 매겨 산출되었는데, 미국인들의 일상적 행복 수준을 잘 보여주는 자료다. 응답자들이 보낸 각각의 일상적 경험은 점수가 매겨진다. 점수가 높을수록 행복하다는(더 긍정적이고 덜 부정적인 일상의 경험 또는 감정) 의미다.

갤럽·헬스웨이스 행복 지수Gallup-Healthways Well-Being Index의 연구조사 방법으로는 현장 조사, 유선 또는 무선전화만 사용하는 가구를 대상으로 한 인터뷰, 한 가구 내에서 응답자를 선택하는 무작위 선택방법론 등이 쓰였다. 이와 더불어 스페인어만 사용하는 응답자를 위한 스페인어 인터뷰, 알래스카와 하와이에서의 인터뷰가 포함되며, 초기 전화 시도에 실패한 응답자에게는 복수의 전화조사도 실시했다. 데이터는 일별로 가중 처리되었는데, 선택확률과 무응답의 불균형을 보완하고 나이, 성별, 지역, 교육, 민족, 인종으로 분류된 미국 인구통계 조사대상과 일치시키기 위해서다.

휴대전화만 사용하는 가구와 스페인어 인터뷰까지 포함할 경우 표본은 98%의 미국 성인인구를 대표한다. 참고로 유선전화만 사용하는 전통적인 조사방법의 경우 대략 85%의 성인인구를 대표한다.

이 책의 집필을 위한 특별 연구에서는 2009년 1월 2일부터 2009년 12월 30일까지 18세 이상 성인을 대상으로 총 35만 3,849회의 인터뷰가 진행되었다. 표본 크기는 표본 범위와 인구의 규모에 따라 주와 도시마다 각기 다르다(최소 표본 크기 기준은 300명이었고 도시의 표본 크기 중간 값은 676명, 주의 경우는 4,927명이었다). 표본 크기 5,000명의 조사 결과는 95% 신뢰 수준에서 최대 허용 표본 오차 ±1.4% 포인트다. 표본 크기가 1,000명인 경우에는 오차 ±3.1%, 500명인 경우에는 ±4.4%, 300명인 경우에는 ±5.7% 포인트다.

표본 오차 이외에도 질문에 사용한 단어의 선택, 그리고 조사를 실시할 때 발생하는 어려움 등으로 인해 여론조사 결과에 오류나 편견이 포함될 수 있음을 미리 밝힌다.

미국의 주(州)별 행복 수준

🧭 만족하는 수준　**〰 보통 수준**　**❗ 힘겨운 수준**　　　　(단위: %)

순위	주(州)	🧭	〰	❗	일상경험
1	하와이	56.2	40.4	3.5	8.0
2	알래스카	54.9	42.5	2.5	7.9
3	메릴랜드	54.6	42.3	3.1	7.7
4	유타	54.2	43.4	2.4	7.6
5	버지니아	52.8	44.0	3.1	7.7
6	콜로라도	52.5	44.4	3.1	7.6
7	조지아	52.3	44.2	3.5	7.6
8	텍사스	52.1	44.6	3.3	7.6
9	몬태나	51.5	45.0	3.5	7.8
10	뉴멕시코	51.5	44.6	4.0	7.5
11	워싱턴	51.1	45.2	3.7	7.6
12	미네소타	50.9	45.2	3.9	7.9
13	캘리포니아	50.7	45.9	3.4	7.5
14	루이지애나	50.5	45.9	3.7	7.6
15	캔자스	50.4	46.2	3.4	7.8
16	아이다호	50.4	45.5	4.1	7.6
17	델라웨어	50.3	45.8	3.9	7.6
18	오리곤	50.1	45.5	4.4	7.6
19	메사추세츠	50.1	46.6	3.4	7.5
20	사우스다코타	49.9	45.6	4.5	7.8
21	애리조나	49.8	47.0	3.2	7.6
22	일리노이	49.8	47.2	3.0	7.7
23	뉴저지	49.6	46.7	3.7	7.5
24	노스다코타	49.5	46.6	3.9	8.1
25	코네티컷	49.2	47.0	3.7	7.5
26	뉴욕	49.0	47.4	3.6	7.5
27	뉴햄프셔	49.0	46.7	4.4	7.6

출처: 갤럽 · 헬스웨이스 행복 지수(2009년 1~12월).

미국의 주(州)별 행복 수준

🧭 만족하는 수준 〰 보통 수준 ❗ 힘겨운 수준　　　　　(단위: %)

순위	주(州)	🧭	〰	❗	일상경험
28	아이오와	48.8	47.8	3.4	7.9
29	네브래스카	48.5	47.9	3.6	7.7
30	노스캐롤라이나	48.5	47.2	4.3	7.6
31	메인	48.5	47.2	4.3	7.6
32	오클라호마	48.4	48.0	3.6	7.5
33	버몬트	48.2	45.7	6.1	7.7
34	미시시피	48.2	47.0	4.8	7.6
35	사우스캐롤라이나	48.0	47.5	4.5	7.7
36	앨라배마	47.8	48.0	4.2	7.5
37	미시간	47.6	48.1	4.4	7.6
38	미주리	47.4	48.4	4.2	7.6
39	테네시	47.4	47.8	4.8	7.4
40	플로리다	47.4	48.5	4.1	7.5
41	펜실베이니아	47.2	48.6	4.2	7.6
42	와이오밍	46.8	49.6	3.6	7.8
43	인디애나	46.5	49.2	4.4	7.5
44	오하이오	46.2	49.3	4.6	7.4
45	위스콘신	45.7	50.1	4.2	7.8
46	켄터키	45.6	49.2	5.2	7.3
47	네바다	45.4	49.6	5.0	7.5
48	로드아일랜드	45.3	51.6	3.1	7.4
49	아칸소	44.7	50.2	5.1	7.4
50	웨스트버지니아	43.2	50.4	6.4	7.2

출처: 갤럽·헬스웨이스 행복 지수(2009년 1~12월).

미국의 도시별 행복 수준(인구 100만 명 이상 대도시 기준)

🧭 만족하는 수준 〰️ 보통 수준 ❗ 힘겨운 수준

(단위: %)

순위	도시 명	🧭	〰️	❗	일상경험
1	워싱턴 / 알링턴 / 알렉산드리아	58.7	39.0	2.3	7.8
2	샬럿 / 개스토니아 / 콩코드	55.5	41.7	2.8	7.7
3	샌안토니오	55.3	41.8	2.8	7.6
4	애틀란타 / 샌디스프링스 / 매리에타	55.1	42.0	2.8	7.7
5	버지니아비치 / 노펙 / 뉴포트뉴스	55.1	42.8	2.2	7.8
6	어스틴 / 라운드록	54.8	39.5	5.7	7.8
7	캔자스시티	54.8	42.6	2.7	7.7
8	댈러스 / 포트워스 / 알링턴	53.6	43.5	2.9	7.7
9	롤리 / 크래이	53.6	42.4	4.0	7.7
10	샌프란시스코 / 오클랜드 / 프레몬트	53.5	43.8	2.7	7.6
11	시애틀 / 타코마 / 벨뷰	53.3	43.9	2.8	7.6
12	멤피스	53.2	43.4	3.4	7.6
13	내시빌 / 데이비드슨 / 머프리즈버로 / 프랭클린	52.8	43.8	3.4	7.7
14	휴스턴 / 슈가랜드 / 배이타운	52.5	44.6	2.9	7.7
15	미니애폴리스 / 세인트폴 / 블루밍턴	52.4	44.3	3.2	7.9
16	써니베일 / 새너제이 / 산타클라라	52.2	45.8	2.0	7.7
17	리버사이드 / 온타리오 / 샌버나디노	52.1	44.9	2.9	7.5
18	포틀랜드 / 밴쿠버 / 비버턴	52.1	44.0	3.9	7.6
19	덴버 / 오로라	51.8	45.3	2.9	7.5
20	보스턴 / 캠브리지 / 퀸시	51.5	45.7	2.9	7.6
21	산디에고 / 칼스배드 / 샌마르코스	50.9	45.8	3.3	7.7
22	로스앤젤레스 / 롱비치 / 산타아나	50.9	45.9	3.2	7.5
23	오클라오마시티	50.6	46.3	3.1	7.6
24	필라델피아 / 캠던 / 윌밍턴	50.6	46.1	3.3	7.5
25	버팔로 / 나이아가라폴스	50.5	45.7	3.7	7.4

출처: 갤럽 · 헬스웨이스 행복 지수(2009년 1~12월).

미국의 도시별 행복 수준(인구 100만 명 이상 대도시 기준)

🧭 만족하는 수준　〰️ 보통 수준　❗ 힘겨운 수준　　　　　　(단위: %)

순위	도시 명	🧭	〰️	❗	일상경험
26	올랜도 / 키시미	50.3	47.0	2.7	7.6
27	피닉스 / 메사 / 스코츠데일	50.1	46.8	3.0	7.6
28	인디애나폴리스 / 카멜	50.1	45.7	4.2	7.6
29	뉴욕 / 뉴저지 / 롱아일랜드	49.9	46.8	3.3	7.4
30	잭슨빌	49.8	45.2	5.0	7.4
31	뉴올리언스 / 메타리 / 케너	49.8	46.2	4.0	7.5
32	하트퍼드 / 웨스트하트퍼드 / 이스트하트퍼드	49.7	46.8	3.5	7.6
33	콜롬버스	49.7	46.7	3.6	7.5
34	솔트레이크시티	49.6	48.2	2.2	7.5
35	새크라멘토 / 로즈빌 / 아덴아케이드	49.5	46.9	3.6	7.6
36	세인트루이스	49.5	47.6	3.0	7.7
37	클리블랜드 / 일리리아 / 멘토	48.9	47.1	4.0	7.6
38	마이애미 / 폼파노비치 / 포트로더데일	48.6	47.7	3.8	7.4
39	루이스빌 / 제퍼슨카운티	48.1	48.5	3.4	7.6
40	시카고 / 네이퍼빌 / 졸리엣	47.7	48.2	4.1	7.3
41	로체스터	47.6	48.4	4.0	7.6
42	신시네티 / 미들타운	47.5	48.5	4.0	7.5
43	피츠버그	47.3	48.4	4.3	7.6
44	빌트모어 / 토슨	47.1	49.4	3.5	7.3
45	디트로이트 / 워런 / 리보니아	46.3	49.4	4.2	7.5
46	우스터	46.2	49.8	4.1	7.4
47	밀워키 / 워키쇼 / 웨스트앨리스	45.3	51.8	2.9	7.7
48	라스베이거스 / 파라다이스	45.2	50.2	4.6	7.4
49	프로비던스 / 뉴베드퍼드 / 폴리버	45.0	51.5	3.5	7.4
50	탐파 / 세인트피터즈버그 / 클리어워터	44.7	50.9	4.4	7.5
51	신시내티 / 미들타운	41.7	52.7	5.4	7.3

출처: 갤럽 · 헬스웨이스 행복 지수(2009년 1~12월).